中国顶级交易员访谈丛书

来 自 成 功 交 易 者 的 宝 贵 经 验

交易员的自我修养

5

曾宪锋 著

企业管理出版社
ENTERPRISE MANAGEMENT PUBLISHING HOUSE

图书在版编目（CIP）数据

交易员的自我修养：中国顶级交易员访谈实录 . 曾宪锋 / 曾宪锋著 . 北京：企业管理出版社，2021.9

（中国顶级交易员访谈丛书）

ISBN 978-7-5164-2480-3

Ⅰ. ①交… Ⅱ . ①曾… Ⅲ . ①金融投资—经验 Ⅳ . ① F830.59

中国版本图书馆 CIP 数据核字（2021）第 174208 号

书　　名：交易员的自我修养：中国顶级交易员访谈实录

作　　者：曾宪锋

责任编辑：李　坚　张　楠

书　　号：ISBN 978-7-5164-2480-3

出版发行：企业管理出版社

地　　址：北京市海淀区紫竹院南路17号　　邮编：100048

网　　址：http：//www.emph.cn

电　　话：编辑部（010）68414643　发行部（010）68701816

电子信箱：jiaoyiyuanfangtan@163.com

印　　刷：三河市东方印刷有限公司

经　　销：新华书店

规　　格：147毫米×210毫米　32开本　5.5印张　90千字

版　　次：2021年10月第1版　2021年10月第1次印刷

定　　价：78.00元

“证券交易，天下最彻头彻尾充满魔力的游戏。但是，这个游戏愚蠢的人不能玩，懒得动脑子的人不能玩，心理不健全的人不能玩，企图一夜暴富的冒险家不能玩。这些人一旦贸然卷入，到头来终究是一贫如洗！”

——杰西·利弗莫尔

丛书出版说明

相信读过不少投资交易类图书的读者朋友，对于国外出版的《金融怪杰》系列图书一定不陌生，该系列图书通过对各投资领域的投资者进行采访，给想了解这些人的交易理念和方法的读者一个难得的渠道。

但是，该系列图书存在两个问题：一是访谈不够深入的问题。由于时间和篇幅限制，许多内容浅尝辄止，难以深入挖掘一名投资者或交易员经历中真正能给人启发的东西。二是访谈对象均为境外投资者。国内投资市场经过几十年的发展，在向西方学习的同时，越来越体现出自己个性化的特征。国外的交易经验放到国内的投资土壤中，有时会存在水土不服的情况。而国内本土交易员的成长经历和交易方法，市面上公开的较少，顶级交易员的经验，更是极少传播。

基于以上原因，北京未满文化、“老徐话期权”团队一起，共同策划了这套丛书。访谈对象遍布股票、期货、期权各领域，不以名气论英雄，而看重真材实料。其中有神秘莫测的做市商，有大型金融公司的操盘手，有业绩显赫的私募老总，有名不见经传的民间高手，有独辟蹊径的交易怪才……这些投资者或交易者中，有的健谈，有的惜句如金，所以，这套书也厚度不一。但总体来说，我们希望每一本都是浓缩“干货”的书，不堆砌、不废话。

我们致力于通过十数年时间，遍访各领域高手，汇集成投资经验的饕餮盛宴，以飨读者。读者可以在对比阅读中各取所需，提取适合自己性格和经历的宝贵经验，站在巨人的肩膀上，尽快走向稳定盈利之路。

该丛书存在两个挑战，一是物色挑选活跃在一线的优秀投资者或交易员，并说服他接受采访，和大家分享他多年金钱堆积而积攒的宝贵经验；二是在与每位访谈对象有限的几天一对一访谈时间内，尽可能挖掘出其多年经验中可资借鉴的内容。不足之处，欢迎读者和各路高手批评指正。联系邮箱：jiaoyiyuanfangtan@163.com。也欢迎关注微信公众号“你想赚什么钱”（jiaoyiyuanfangtan），第一时间获取该套丛书的最新单品及交易员访谈视频。

丛书序

徐華康[1]

我们谁都没有超能力。

如果你走在北京或上海的街上问路人，是否有预测未来的能力，他们必定会投以奇怪的眼光说：“你有病吧？是否应该去医院挂个号？”这个问题似乎不应该被正常地询问，因为我们没有超能力也不可能去预测不可知的未来。

在同样的时空下，你是否经常地买卖股票或其他标的资产，自信地预测价格的上涨或下跌？所有人都说无法预

---

① 徐华康，有着20多年交易经验的衍生品专家，微信公众号“老徐话期权”，曾出版《我当交易员的日子》《财富自由之路：ETF定投的七堂进阶课》《交易员的自我修养：中国顶级交易员访谈实录（徐华康）》等书。

测未来，言行却不一致，以为自己通过某个图形或消息就可以预测未来，达到获利的目的。

这是否很矛盾？

在投资上，我们需要在不确定的情况中寻找未来的确定性，通过种种不同的分析方法，用尽所有的努力去找可靠的讯息，只希望能让答案更清楚一点，达到稳定获利的目标。虽然没有预测未来的能力，但是有些人却能将这件事做得很好，获得巨大的成功，也有些人走了长长的弯路后取得了不错的成果。

我们希望能通过成功者的经验，缩短学习的过程，让投资交易的成功路径最短。但根据我多年的经验，某些事情偶尔发生也许会更好，毕竟有些道理是无法教的，直到吃到苦头才会真正学到。你会在书中发现，原来交易员或市场老手，大多都走过一样的路，受到相同的挫折；你可以看到，他们如何克服这些困境，才能在这漫长孤单的旅程中看到更好的风景。

我常常说，交易是一种选择，而不是运气。

在行情下跌的时候你可以选择持续持有或止损出场，

在行情上涨时，你也可以选择持有或获利了结，所有的决定权都在自己手上，但大多数人却将自己的错误选择归咎于运气。当你赚钱了，是天生英明神武的自己选择正确，亏钱的时候则是时不我与的运气不佳。我们应常常向外面的世界看看，那些过去做得比较好的交易员以及你的交易对手们都在怎么做这些事，为什么有些人总是做得比较好，面对错误的选择时，他们如何不让其变成一场灾难。

错误也是这场游戏的一部分。就如同查尔斯·艾利斯（Charles Ellis）在《投资艺术》（*Winning the Loser's Game*）一书中曾说到，在赢家的游戏中，结果取决于赢家正确的行动，在输家的游戏中，结果取决于输家所犯下的错误。而参与者众的投资市场中，你不用是巴菲特或索罗斯，也可以赚到钱，就如同你去参加一场德州扑克的牌局，就算同桌有世界冠军，你仍有可能赚到盆满钵满，只要同桌的菜鸟足够多。就如同投资本来就是一场输家的游戏，我们能够获得成功，不在于我们做得比巴菲特更好，在于我们犯了比市场上其他投资人更少的错，甚至不犯错。

专业投资人做正确的行动，而业余投资人不断犯下错误，而且他们并不知道错在哪里。当股市见顶或触底时，业余投资人最有可能犯下“非受迫性失误”，因为在每一个极度乐观或悲观的情况下，你不知道该怎么做。专业投资人会做出不一样的决定，别人不想要的，他们买进，别人渴望得到的，他们卖出，他们非常熟悉这场游戏的规则，也有自己的经验总结出的方法。你不用犯下所有的错就可以真正学到这些理念，这些正是这套丛书所要传达的。

进入市场交易绝对算得上是一种门槛最低的赚钱行为之一。投资交易访谈的书籍市面上也不算少，但绝大多数围绕国外名人或国内成名多年的基金经理及私募大佬，针对在第一线每天面对行情厮杀的中国顶尖交易员的访谈反而是少数，也许他们与你有更多的相似之处。你一定要仔细听一下这些交易员每次如何面对市场上必须的选择，因为能够吸取那些最棒的前辈已经用实践证明的洞见，绝对是到达成功交易的最短路径。

目　录

20年前的食物链就是庄家和普通投资者，因为上市公司它也没有全流通，庄家联合上市公司可能也就那么回事。这几年变化之后，我们的食物链就很高端了，从2个变成最少9个。

如果将牛市的行情比作一条龙，当第九层的人都觉得是牛市的时候，那是龙身摆尾已经到第九层了。就像这几年其实已经走了几年的牛市，为什么很多投资者还是觉得是熊市，因为他们在第九层，现在牛市走到第六、第七段，可能还没到第九，所以他们感觉不到，但等他们感觉到的时候，可能龙头就开始往下杀了，所以就觉得还没赚钱就开始亏钱了。未来普通投资者会非常非常艰难，通俗来讲是聪明钱和非聪明钱。你不了解链条的话就不知道对手盘在哪边，就不知道死在谁手下。

做对了5次价值波段的趋势，急拉一次的容错率能不能弥补你之前赚的钱？既然弥补不了的话，为什么这么辛苦？任何一个策略本身就有双面性，人最高端的就是赚长线的钱，能结合中线就不得了了，短线千万不要去做，很容易堕入魔道。各行各业的投资都有入魔，我们不是在人世间成佛，我们都是在魔道中成佛，投资为什么这么难，就是要在魔道成佛，我们不是在人间行走。

走出魔道就是弄明白你要去哪里。我之所以说是在魔道，就是每天的吸引太多了，令我们忘记了我们要去哪里。

适时重新评估自己，且要以低估来评估，不要以高估来评估。因为人以为自己在低估时，其实都在高估。评估之后选择适合自己的最简单的方法。我现在也在追求机构化最简单的方法，普通投资者也要做减法，尽量不要投到睡不着，投一些自己能放心的，不放心的可能都是超出了自己的认知，所以一定要去投让自己有安全感的。

特别说明

本书访谈对象曾宪锋是一位极为资深的投资者，几乎完整亲历了中国资本市场几十年的风风雨雨。曾总的投资风格，早已经从游资的“交易”阶段，迈入价值投资的资产管理阶段。但为了保持这套丛书的统一性，书名及书中一些内容仍旧沿用“交易”二字，这一点希望读者朋友在阅读前有所了解。这里仅摘录曾总在访谈中的几段话来作一说明：

其实我不喜欢“交易”这个概念，我更喜欢“投资”这个概念，你把它框在了“交易”，那也许就是失败的开始了。框架框的不是别人，最终框的是自己。比方说现在30块买了苹果，你设了一个框架苹果值70，这就为以后埋

下了伏笔，你想着既然70是目标，那60就能走了，然后50也可以走了，最后没准45也走了；有的人30块钱买了，最后可能35块钱就走了，这还哪是赚钱的逻辑；有的人可能到了25块钱看着不对也走了。这个叫交易。巴菲特的成功主要不在交易，他的成功主要在投资。其实拿我身边的例子来讲，只有极少数的神话做交易能赚很多钱，我估计他只是阶段性地完成了而已，或者别人只看到他这个人交易很牛，本质不是这样的，别人对他有误解，真正能赚很多钱的不是在交易。

前10年的投资者比较喜欢交易这个概念，我希望我的团队在搭配选择方案时尽量学会用非交易的逻辑，交易吃苦而不得力，为什么我们要选一个又苦又不得力的方式，而不是选一个好的行业做投资安排？我们坐下，在优化数据之后出来，我们可以半年内都不看，之后再去总结，有时候天天看盘就不相信市场，也不相信自己。所以我希望我未来可以解决这点。

我一直说，投资是“略”和“术”，即战略和战术，交易是“术”这个阶段的一个细分，在战略面前战术是一个很白痴的东西，所以很多顶级的公募和私募不会很在乎他的买点和卖点，你怎么知道你的买点很厉害？你的数据也好，KDJ也好，那个只是支撑你下赌注的东西而已，短期买入可能有用处。但是你为什么在乎一个硬币里面的一个小部位？我们太在乎这一点，我们太贪了。大家也常说，不贪就不会死。我一直想要努力突破这一瓶颈。

第一部分

我的投资之路

20年前的食物链就是庄家和普通投资者，因为上市公司它也没有全流通，庄家联合上市公司可能也就那么回事。这几年变化之后，我们的食物链就很高端了，从2个变成最少9个。

如果将牛市的行情比作一条龙，当第九层的人都觉得是牛市的时候，那是龙身摆尾已经到第九层了。就像这几年其实已经走了几年的牛市，为什么很多投资者还是觉得是熊市，因为他们在第九层，现在牛市走到第六、第七段，可能还没到第九，所以他们感觉不到，但等他们感觉到的时候，可能龙头就开始往下杀了，所以就觉得还没赚钱就开始亏钱了。未来普通投资者会非常非常艰难，通俗来讲是聪明钱和非聪明钱。你不了解链条的话就不知道对手盘在哪边，就不知道死在谁手下。

你读书时候学的是什么专业?

读的就是金融这一块，二十年之前算是科班出身，现在不一定是了。

毕业之后就直接开始做交易了吗?

其实我没有读完书就开始做交易了。我母亲是第一代股民，当时她是当地一个准上市公司的资深财务总监，所以家里对投资这一块就有一定的理解。一九九几年用收音机的时候，我一边背书一边听他们讨论，当时还不明白他们在说什么，只是看见他们时而振奋时而低靡，我就慢慢开始关注这个事情。所以我因为家庭的原因，早在1993年左右就开始接触投资了，当时还在大学读书。

还记得自己的第一笔交易吗?

我记得第一笔交易是买了东北电气，一天涨了差不多两倍，所以印象特别深。那时候还比较辉煌，后来整个市场就有T+1的问题了。因为刚刚出来投资，都是哪个涨得疯就买哪个，初入市场的心态都是这样的。

大学毕业之后是直接就进这个圈子了，还是从事过别的职业?

直接就进这个圈子了。当时当地也有一些从香港过来的金融机构，广东这边也有比较前沿的金融知识，所以我当时直接就进了金融这一块。

当时个人已经开户进行交易了是吗?

对，还没读完书，刚18岁多一点就开户了。我的户头账号都是6位数的。

你本身是学金融的，除了本专业的东西之外，开始做交易之前有做过哪些准备吗?

我做交易之前其实和现在的普通投资者差不多，比较痴迷技术，技术面的东西看得比较多。那时候报纸、资料、外国一些顶级投资理念等，我就照葫芦画瓢去学了不少，经历了普通投资者最开始的那个状态。

当时比较得意的是，在大概1997年的时候通过技术面发掘了深科技，它后来成了当时继深发展之后最大的黑马。那时候可能也是运气好，整个技术面刚刚达到那个点，也乘着科技股的一个东风，因为题材刚刚出来。

这就进一步令我对做投资更有信心，所以就一步一步走了下去。

能不能简单跟大家谈谈，你从毕业一直到自己成立私募那段时间的交易历程?

我这个历程可能比较特别。

我前九年是这样的，有三年时间比较喜欢研究技术面，痴迷KDJ、MACD、布林线等指标。虽然当时是读完了书，但是对企业、行业乃至国家经济的知识掌握得还不太充分，这时候就比较痴迷技术面。

在技术面之后，因为我比较喜欢数据，就回过头来统计数据，发现技术面也是会有参差不齐的变化。再后来我又花了三年时间去研究上市公司的基本面，但是那会儿的基本面和现在的也不同。在2000年左右，当时我们基本面研究的东西就是上市公司董事长叫什么，公司所处行业是什么等。当时我把差不多四百家公司的董事长叫什么、多大年纪、公司是做什么的都背熟了，别人一讲股票我就能把代码什么的打出来。

后来又过了三年，我觉得单纯看这些不够深入，还是要回头找一下技术面。然后我又花了三年时间，将基本面和技术面结合起来，每一次结合都是一次学习，也都有一定的成长，但总感觉还是不行。

这九年技术面和基本面结合的走法，也让我的前十年就是以交易为主，就像大家讲的什么“敢死队”啊，追涨杀跌啊，这段时间我做了一个普通投资者在最基本的阶段会完成的事情。

现在二十几年过去了，回过头来我也要感谢那前十年，因为你交易得多了，失败得多了，遇到的坑多了，你收获的经验也就多了，就像人家说的，“短线交易的三年，好比小波段里的一生”。一九九几年到二零零几年那段时间市场也蛮多坑的，比如造假、退市什么的，这九年我完成了自己的第一个阶段。

后来我觉得要升级，我那九年还是比较初级，所以第二个阶段我主要研究基本面。第四个三年，我开始觉得基本面更重要了，因为我觉得研究一个上市公司，如果基本面研究得不够深的话，技术面再强大都没有意义。

当年各大券商的顶级研究报告还是比较稀缺的，得有个大几千万的资产才能拿到，我们2000年初恰好刚刚达到，就找了一些顶级的机构比如中金，当年他们的研报还是很棒的，我就又用了三年时间看了一万份顶级报告，因为我觉得要加强基本面。看完之后我才觉得，其实我走了很多白费的路，但是不看完又不知道哪条路是白费的。报告分不同的行业，写报告的分析师有不同的年纪和性格，有年纪大的，有年轻一点的，有比较含蓄的，有比较浮夸的，什么样子的人都有。看完之后我才明白，看这些顶级报告之前要去了解写报告的人是什么心态和地位。经过十二年我才明白我应该去看什么、了解什么、认知什么。

所以前面我花了十二年，这之后我们就开始筹备机构化了，从2008年股灾之后，我觉得未来可能是全面机构化的。当时也是全部股改了，二零零几年之后公募基金诞生了，一九九几年到2000年初还是封闭式基金，所以当时我们觉得公募基金还是很新鲜的事，可能现在大家觉得公募基金已经很普遍，但在当时是很稀缺的一个事情。当时看到这件事，我就觉得未来机构化会不断壮大。

所以2008年之后，我个人就开始往机构化这边来安排。因为这十几年我们给市场的感觉是佛山的游资，虽然对外比较高光，但是对内我觉得不一定有可持续性，只是一腔热血，按照自己的理念和信心往前冲。为了长远而持续的发展，我从2008～2009年开始转机构化。当时全国没什么可以借鉴的东西，只能借鉴公募基金和国际上的逻辑，就是从仓位管理、价值观体系等方面出发。

我当时觉得未来的思路肯定是往机构化发展的，这个思路可能过于领先市场，领先了也没所谓的，最起码给了我们自己准备的工夫。

真正的价值应该是2017年开始，也可能是2014年已经开始了，像茅台2014年已经开始了，很多好的股票像茅台、片仔癀那时候都已经开始了。可能之前也有，但是真正大方面的价值观开始应该还是从2013的启蒙，2017年的确定，一直到现在的持续，所以我就一步步走出来，当时也没有可借鉴的。从2009年之后，我们就瞅准做一件事，我们真的也想了蛮多的，可能准备了四五年，等整个私募行业放开，我们就觉得差不多了，如果一直不放开也不知道要准备多久。以前有时候一些亲朋好友会交账户给你，可是总感觉还是比较灰色，我们也比较谨慎。

2014年开始开放的时候，我就大力和团队讲，要正规化，我觉得正规化是集合大家的力量分工去做投资，一个人的精力、时间还有思维框架终究还是有限的。

我那些年大概就是这么一个情况。

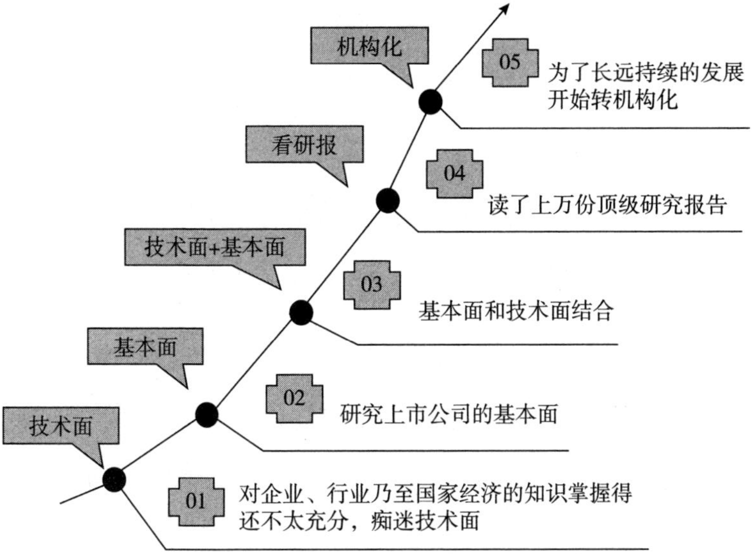

图1　我的交易历程

具体是哪年开始做私募这一块？

我们公司是2014年注册的，到现在7年了，这7年有好有坏，但总的成长是好的，虽然中间遇到了几次的千股跌停、三四轮的股灾。以前都是三年五年一个轮回股灾，经历几轮股灾要十几年。我觉得做投资不经过两三轮的磨合是不行的，你做普通投资者的时候也要经过几轮的磨合，作为机构也要经过几轮磨合。并不是说你以前做普通投资者磨合完了，以后就不用磨合了。我觉得每个阶段都是在学习，我现在也还在学习。

刚才你把自己的职业生涯划分成了几段，第一段差不多是9年时间，算是各种摸索的过程，接下来开始更深入基本面，然后再进入到私募这一块。我们先来谈谈你进入交易的第一阶段，这9年技术面、基本面各个领域都尝试过了。从你开始涉足交易，到你差不多开始能稳定盈利，大概经历了多长时间?

说来不是很好听，从开始到稳定盈利要10年，这还是日思夜想的一个状态。

听说你中间也曾涉足过一些打板的、短线的交易，是在前9年就开始了吗?

其实真正来讲应该是第5年到第12年这7年，目前我整个投资有25年。因为当时没有基本面打底，觉得什么股票也就那样，因为有涨停幅板之后，整个市场当时还是不成熟，那时候这个模式其实还是能赚钱的，大家都比较想赚急钱，市场也比较喜欢赚急的钱，可是又不想承担风险。其实可能大家很不了解打板的是怎么一批人，市场觉得他们很雷厉风行，其实他们是最风险厌恶的，他们想急拉急走，可能比较像现在的量化，现在更急了就T+0了，现在市场的量化那就更不相信明天了，只相信当天。我们当时那个手法应该是现在量化、T+0那一块的前几代那个状态。

你刚才谈到从开始进入交易到最终稳定赢利，经历了有接近10年的时间，这10年摸索的过程中有没有一些特别难熬的时间？

其实我觉得都很难熬。难在太多对手盘，因为无股不庄，他都会跟你成为对手盘把你洗出来的，有时候你可能有资金优势、有技术优势，很多对手盘是无所不用其极的，什么手段都会出来，何况当时的手段也没什么办法管理。

你也算是见证中国资本市场这几十年的过程了。

差不多吧，中国资本市场30周年了，我自己做了也有二十五六年了，前几年因为年纪没有开户，算算也差不多了。前几年简单粗暴，后面衍生了各方面的安排。所以即便不能说全程见证，我也参与了八九成了。

这个市场从以前的野蛮生长阶段到现在的阶段，你个人有什么感受吗?

我个人感受是，这几年参与的资金、团体和各方面都变得更专业、实力更强，参与难度也更大了，核心来讲就是市场更专业化了。专业化在哪里？涉及你对行业的选择，对股票的认知，对价值观的持续判断，对仓位整体合理的布局和对黑天鹅的处理，各方面会显得更专业了，你参与难度会更大了。不像以前，我可以死守一个股票，亏多少我都可以赚几倍回来，现在没有这种情况了。

大家可能还不了解，现在全流通之后，上市公司如果负资产，而别的公司没什么特别大的难度就可以上市的话，他的公司可能从10块钱跌到3块钱，可能上市公司觉得这个公司要破产，3块钱可以直接打到几毛钱去，就算你1块钱去抄底，可能都是亏得血淋淋的。所以我觉得市场更显专业性，现在对整个机构综合判断的能力要求更高了。

普通投资者所有的事情都需要一个人做完，但是大家时间都一样，比方说一万件事放在你身上，你肯定有9000件是做不完的，而且就算你做了这1000件，我估计这1000件事也做得不完善、不深入，所以没有任何意义。未来拼的是你的思想维度、团队的分工、对资讯认知的变现、在投资方面的布局以及过程间的修正，其实普通投资者做不了这一点。

对个人投资者来讲可能会越来越难。

不是越来越难，其实根本就没有生存空间。其实从美国和中国香港地区就知道了，个人根本没有空间，剩下的那些普通投资者，亏了再来，来了以后再亏，亏了再来，只是没有完全消灭而已，在不断轮回，变成了市场的一个“养分”。

你说的“养分”很有意思，如果把目前国内的股票市场当作一个食物链，你个人认为食物链从顶端到底层，大概都是什么样的角色？

20年前的食物链就是庄家和普通投资者，因为上市公司它也没有全流通，庄家联合上市公司可能也就那么回事。这几年变化之后，我们的食物链就很高端了，从2个变成最少9个，我就从高到低讲一下。

第一条链应该是国际游资，最顶层的是美联储，这就涉及国际的资金在全球泛滥，影响了全球政治、军事和金融定价，它有在全球定价的能力，我们叫作全球资金。

第二条链应该是国家资金，能定价国内的东西，从股灾之后我们国家队也参与了。

第三条链应该是金融寡头，大概哪几个寡头大家都知道，我在此不再说了，是我们现在最牛的几个，可能上市公司都几万亿，衍生的控制了几十万亿。

第四条链就是行业标准的制定者，每个行业都有支持或者打压的标准，我们有几百个行业，上市公司都在这些行业里面。

第五个应该是顶级公募了，单个公募的影响也是万亿以上的。

第六个就是顶级私募了，顶级私募也比较有定价权，现在顶级私募也是一两千亿了。因为他们的主动性比公募更强，所以他们在市场的波动也不可小视，虽然远远不如公募的影响力。

第七就是上市公司了，上市公司以前在这个食物链中排第一，现在变成第七了。上市公司又分有实力的和无实力的，也就是大公司和小公司的概念。

第八是以前所谓的庄家，掌握着上百亿的资产。

第九我们就统称为普通投资者。

图2　以前股票市场的食物链

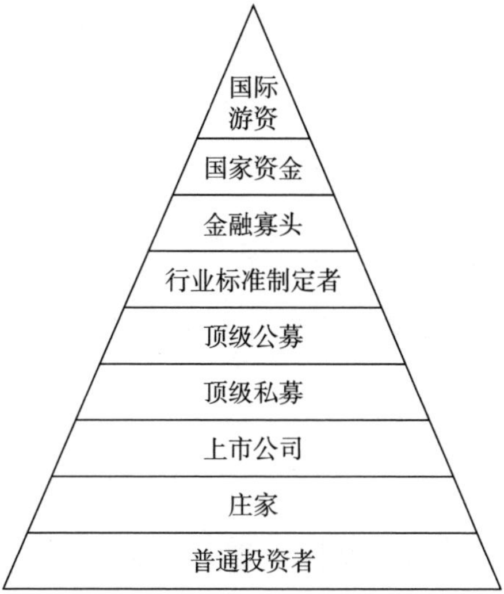

图3　现在股票市场的食物链

可以看到，现在的第八和第九，以前是第一和第二，何况未来食物链的层级会更多，会把这几个压下去，比如一些顶级的创新金融科技，或者其他各方面会参与到食物链里面来，其实刚才如果细分讲完应该有十二条链。

如果将牛市的行情比作一条龙，当第九层的人都觉得是牛市的时候，那是龙身摆尾已经到第九层了。就像这几年其实已经走了几年的牛市，为什么很多投资者还是觉得是熊市，因为他们在第九层，现在牛市走到第六、第七段，可能还没到第九，所以他们感觉不到，但等他们感觉到的时候，可能龙头就开始往下杀了，所以就觉得还没赚钱就开始亏钱了。未来普通投资者会非常非常艰难，通俗来讲是聪明钱和非聪明钱。你不了解链条的话就不知道对手盘在哪边，就不知道死在谁手下。

既形象又震惊，散户“闻庄色变”的“庄家”竟然处在倒数第二层，可见散户更是没有什么生存空间。

对啊。这是我站在现在的立场看到的一些东西，未来会更多。这几条链中最恐怖的是前七条链，他们还在不断壮大实力，而且进步得比散户还快，他们所有的人力、物力、资源进步得比剩下两块更快。等牛市的龙转到第八、第九层的时候直接砍掉了，底层的人没有到牛市那一天。前面的还在不断长肥，底下的到最后连捡漏的机会都没有。

能不能再跟大家说说，你谈到的有可能成为新链条的金融科技？

金融科技大家耳熟能详的，比如用大数据捕捉的市场资讯，这一块的智能投顾等。我刚才讲的“食物链”前七层都会利用这种东西不断壮大，从市场情绪、金融数据普及和对基本面的布局。普通投资者可能顶多看几千个上市公司，过几年可能上万，人家机构本来人手又多，直接就用量化的数据估计，比如把最新的ROE、最新的增长率输入电脑，直接就出来数据结果，每个机构有它自己专门研究的行业，当然布局的行业的拐点最敏感的就是当季或者连续三季。还有一些更厉害的，我记得六七年前研究伊利的时候，某些顶级的卫星机构直接租用一个卫星频道，在伊利总部拍运货的车灯，因为都是晚上运货多，他们就可以根据反射灯的多少解释一些数据。这种东西比上市公司的数据更敏感，还准确，不会特地为这个作假。上市公司财报可能会作假，会粉饰一下，可是他用卫星直接看，比如伊利有三大厂区，用货运的反射灯、用卫星、用数据、用ID、用金融科技去分析。

像你刚才说的以大数据为核心的金融科技，再结合专业的金融团队，对普通投资者就是降维打击了。

降维打击是必然的了。不要觉得我们现在很努力，其实我们努力只是为了生存，如果努力的方法不对的话，你再努力，将来也不能生存。这个也是我为什么想成立机构。其实很多人说，曾总你不应该成立机构，这么辛苦干什么，自己投资自己的钱就好了。我说，我成立机构主要是希望解决未来的痛点，虽然现在整个团队的组建花了很多时间，但是我觉得还是值得的，现在可能出不了什么成效，但是5年、8年或者10年之后，成效自然就来了。

我经常跟大家说，你要突破一个维度是比较难的，比如墙，当你在第5层楼的时候，已经算是比较高的了。你现在要去到第6层，往更高的维度走，但你不可能打破这个墙，因为毕竟还是肉体之身，不可能用头顶破墙，所以你还要下来，下来之后走出门口，再走出楼梯，这十几二十个楼梯就是你的经验和考验，这些完成才能进到那个门，走到六楼。

所以我这几年也是，从一个游资完成机构化，从原来所谓的同一层次的天花板走下来，走到另一个层次。虽然这个楼梯每一步都走得比较艰难，可是我觉得不走出来，不放下姿态，永远都不可能突破你的思维高度。

有时候就是要换个空间才能感悟到。

对，可是很多人舍不得飘起来的那种状态，他觉得会很丢脸，因为在天花板别人是仰视你的，他会觉得这种感觉已经很好了。

能不能跟我们谈谈，在这些年的交易路上，对你影响最大的一些人?

我这二十几年都是自己摸索的，也没有去找什么老师。因为当年我们出来做事的时候，这个行业还比较初始，这样的老师也不容易找，不像现在整个市场比之前相对成熟了很多，各行各业的精英、企业也努力出来跟大家分享一些事情。

我们以前的时候，很多人没有能力出来分享，即使他可能有好的思路，也找不到欣赏自己的、想拜自己为师的人，因为估计在二十几年前他们也在学习，当然我们现在也在学习。所以我也没有特别感觉哪个老师或者哪个人影响我比较深。

其他我感触比较深的，可能是一些行业内的人的起起伏伏，比如我们这么多年的私募冠军，这么多年的股神，他们的兴和衰值得我去借鉴，警醒自己不要重走他们的路。

这些前辈的兴衰主要给你哪些启发？

要多学习，投资思路正气一点。我们行内很多人都是分享自己买的一些股票，希望自己的思路去影响一些价格体系。这种分享可能多数都是好的，也有可能小部分不好。

特别是十几年前，做短线的时候是特别喜欢这样的，可是我十几年前就开始觉得这样做下去可能不太好。因为你分享的时候可能它的价格已经和你最初的价格有区别了，但是在你刚分享的时候人一般是不相信的，等涨到他相信了，那可能已经是在高位了。

所以我们也会注意这个东西，现在主要分享的都是我们的价值体系、行业分析和产业资本的逻辑，我们和很多同行都是很好心地去分享我们的思路。你分享思路的时候，因为做投资的人一般都比较有个性，他会从怀疑慢慢到接受，再慢慢到认同，最后下注。随着他在不同阶段认同你，也会反映他的水平在哪里。

比如一只股票涨了10%的时候我们分享了，他从20%、30%就开始关注了，到一倍、两倍的时候他觉得很好了，然后就去认知它，越是认知越是发现他的思路跟那些大佬的距离比较远，有时候就很容易“好心害死猫”，所以我们在这一块往后要注意一点。

刚才你提到，成长过程中更多的还是个人不断的试错，不断的摸索，能不能跟我们谈谈，当时你的摸索主要有什么途径吗?

我的摸索是有几个阶段的，初级阶段就是前10年，当时觉得看一下国内顶级的研报就很了不得了。

后来成为机构以后，我们就考虑那些顶级机构的数据来源是在哪里，比如10年前很多顶级机构写卖方市场，就会拿华尔街的一些顶级数据出来，因为中国的数据还是不全面，还不是特别公开，这几年可能相对公开一点了。我就看了十年国内顶级报告自我摸索，但是看完还是觉得有点缺陷，我就想着是不是我没有理解它，我就想着怎么才能理解这个报告背后的顶级机构，比如华尔街的一些行业的引领者，因为华尔街从科技、金融、消费各方面都比我们走得靠前，所以他们的数据引导了我们的认知。如果我们一直看“半桶水”写的报告，那些人在全球范围都是“半桶水”，我们看的就是“半桶水”的“半桶水”，而大家都知道“半桶水”是赚不了钱的。所以我们就需要用到在顶级机构补足数据的方法，我一直都说，好的路径，好的方法，比你努力的方向更重要。

比如，十几年前我们很少讲ROE，很少讲永续行业的永续债，很少讲这些东西，可能近几年，特别这两年才比较多一点。如果你可以领先市场，也不敢说领先，如果能同步市场的价值观，去持续学习，一直在路上，那就已经很好了，因为世界是在变的。我们不同于佛学家，佛学的维度很高，讲一百万年一丝不变也是没问题的，因为佛教的角度都是几亿、万亿年的价值。可是金融市场不同，今天和明天的参数差太多，我觉得更新有好处也有坏处，这个好处在于我们更贴近国际市场和资金，坏处就是会动摇我们原来价值观的路线图，怎么在动摇和贴近市场之中产生一个平衡点，也是我们一直在学习的过程。

在你这么多年的摸索过程中，有没有那么一些时候你觉得在投资这件事上自己开悟了或者说上道了？

我可以说的就是一个问题。这几年我看到跌也可以继续持有，明知它要跌，今天要跌，明天要跌，后天都要跌，我还会持有。其实这么多年交易，我从以前追求短线、追求中线、追求长线，到后来中短长都想追求，后来我就觉得你什么都追求，什么都想得到，就什么都没有了。所以在市场的波动之中，我就问自己，我究竟是赚什么钱？我是赚行业成长的钱，赚时间增长的钱，还是赚波动的钱？固然可能最好是赚波动的钱，可是我觉得我们要认知自己，我们在市场之中能力太差了，所以只能选择我们最能赚钱的路径，在大概率赚钱的路径和方法上去走。认识到这一点之后，我觉得自己可能上道了。

认识到哪一类钱是自己能掌握的、适合自己的，是一个重要的过程，那现在这个阶段，在这个市场中你主要赚的是哪一类钱?

这段时间我也经常会去找一些上市公司的相关负责人聊，其实我最关心的不是它现在好还是坏，因为不论好坏只是阶段而已。我一直问公司负责人的就是，你现在有没有竞争力？如果有，竞争力怎么保持？如果没有，你怎么去打造竞争力？

我赚的其实就是竞争力的钱，放到现在市场上来讲就是核心价值，核心价值里面包括很多，行业选择啊，赚钱方法啊。我经常问自己，也问我投资的公司，也问我的团队，我问他公司所处的这个行业有没有竞争力，有没有需求，行业就讲需求，公司就是在有需求的地方怎么可以有竞争力，我就是赚竞争力的钱。因为竞争力给我一个最大的感觉，给我的安全感就是它可以生存。

这几年市场上很多人特别看一个公司的研发资金有多少，其实研发资金本身就是对竞争力的维护和开发，以及为了不断进步付出的价值有多少。像医药以及其他各行各业，比如酒类的研发已经有几千年了，所以我更看重它的竞争力。

希望通过竞争力带来的长期成长产生利润?

对，竞争力以巴菲特来讲叫做“护城河”，如果你没有竞争力没有“护城河”，你一赚钱别人就会来抢你生意，假如你不赚钱，我们又不去投这个公司，我们肯定是投赚钱的公司，而在赚钱的之中，我就投竞争力。

如果最好行业的最好企业都不赚钱，那其他企业更不行了。

对，大家也很了解，每次股灾大家都抱团，因为他们只相信最有竞争力的龙头公司能生存到后面。

从涉足交易到最终能够稳定盈利，你觉得你主要做对了哪些事?

我将投资变成了好像做生意一样。我会想象一下，比如我们几个朋友一起做生意，我们会选择一些什么地方，我想的是，我们这几个外行人的钱不投到行业或者公司，我会在二级市场去投它。

比如说银行，不是普通的个人或者民营集团可以开的，别看银行涨得不咋地，但是拉长来看，收益也是有保证的。再比如一些化工厂，其实化工也不咋地，可是每一年牛市都会涨，因为化工产业也不是随便几个人就可以开的，它的门槛蛮高的。像一些顶级的医药公司、创新公司，也不是说我们几个外行人投几个高材生就能成功的，我们也是投不了的。比如茅台、五粮液和那十大名酒，也是竞争很充分的，也不是说我们这几个人拿个三两百亿就可以打造一个全国前十的名酒品牌的，这些都是不能的。这个是选行业。

如果想再降维一下，选公司，因为这几个行业里都有好的和一般的公司，只是它的起点都好，后来我们就从投资收益比去算了。我在2008年股灾之后去了很多上市公司，和那些全国各方面的顶级大咖以及顶级的公募机构交流，我问他们会投什么。他说，我一定要投高毛利高净利的。我回来想一下觉得对，同样的钱我为什么不投最高毛利高净利的？我不可能去投那种投1块钱赚1毛，亏起来亏5毛的，我肯定要投一些投1块钱可以赚5块的，净资产收益率、周转率或者各方面都比较高的。我后来看了一下为什么净利毛利高呢，要不就唯一，要不就有核心竞争力，要不就比较特别。一个投10

块钱可以赚6块，一个投100块钱可以赚20块钱，其实我更喜欢10块钱可以赚6块的，100块钱只赚20块钱，就等于10块钱赚2块钱而已，因为它的抗风险能力也比较高一点。

所以我觉得就是先选择行业，凭我们不能投的行业再选择公司，这个行业里面的公司它有高毛利，也代表它这么多年做市场已经有一个竞争力，我们去享受它这个过程，可能短期它股价相比同行会高一点，但拉长看，我觉得更有竞争力的会更持续。可能短期看股价贵了一倍，但拉长看竞争力可以赚两三倍，其实这种比那些没有竞争力的还被低估了两三倍。所以我觉得选择行业、选择投资带给股东的收益还是很重要的。

就是从股票背后的实体，把它当成一门生意的角度来思考投资。

用生意的角度来选该不该投这个行业，用赚钱能力来选择这个公司值不值得。行业里有很多公司，有好公司有坏公司，比如银行里招商银行就很好，别的银行就差一点。

交易历程中的第二个阶段，你用了三年的时间专门深入研究基本面相关的东西，是不是在那个阶段基本上开始形成你现在对投资的认识了?

对。而且我觉得很少有投资者去真正地看一个公司的年报，因为确实比较复杂，也有相对简单的，但也很少有人认真去看券商对公司的研报。其实每个公司每年都有年报，都是几百页的，你说看这个可能对普通投资者有难度，可是研报其实也就是十几页，他把精华拿了出来，但是就没有投资者去看。我前后看了上万份，看完之后才知道有些不应该看，有些资料不是说你看得多就有用的。后来我就有选择地去看了。

看过了那么多研报，从你的角度来讲，应该怎么去重点读研报？

要随着你的行业去看，因为已经有几百个行业，不可能都看过来。按你的逻辑选了行业，选了高毛利企业，再看他的研报，还要选一下分析师，看这个分析师靠不靠谱，各行各业都有不靠谱的。有专门靠写研报吃饭的，也不是说他们不专业，而是他们是左抄右抄抄回来的，不是原创，没有原创的那种感觉。还有就是年龄也不一样，我们都知道，二十来岁的人可能浮躁一点，三十多岁就相对淡定一点，五十来岁的人有行业地位了，比如首席行业分析师，他因为已经比较成功了，所以说话就不会很过，选择行业的时候他会对自己的讲话负有一定责任，失败要让他付出很大的代价。所以我们就会根据写报告的人的性格和背后的团队来看，就好像我们现在很多投资者选私募机构，选上市公司的董事长、创始人，所以投资最后还是要落到人上。

看报告还不能单纯地只看内容，还要看这个人的立场等。

对，还要回顾一下这个人写报告的准确度和可行成功率，这样会更有价值一点。不然我们很多都变成无效投资了。

你认为什么是投资中最重要的事?

投资中有很多重要的事情，如果一定要选哪个最重要，好公司最重要。

因为我们现在投资二级市场了，还要选择一个公司，要看他是不是在用心办企业，还是只是为了上市和资本市场，如果这个公司还去割投资他的股东和中小散户，我大概都会一票否定。像曹德旺[1]是一个慈善家，他肯定不会为了股价一时的多少跑路去国外搞失踪什么的，不会为了短期利益一下把股价搞到几倍，不会闯祸之后又做几个利空出来，这样是没有持续性的。我不喜欢上市公司过于浮夸，除非重组，正常情况下一个公司十年的K线就代表他公司的性格了。不要说三年五年，因为每个股票的股价波动率也代表了整个上市公司的性格，这个公司的基本面也好，股价也好，整个团队对这个行业的判断也好，股价就代表了公司的一个性格。其实我觉得每只股票的K线图就代表了上市公司的综合情操。

---

① 曹德旺，1946 年 5 月出生，福建省福州市福清人，福耀玻璃集团创始人、董事长。1987 年成立福耀玻璃集团，是中国第一、世界第二大汽车玻璃供应商。他自称“没送过一盒月饼”，是不行贿的企业家，以人格做事；从 1983 年第一次捐款至 2020 年，曹德旺累计个人捐款已达 110 亿元，他认为财施不过是“小善”。2009 年 5 月，曹德旺登顶企业界奥斯卡之称的“安永全球企业家大奖”，是首位华人获得者。

“K线图代表上市公司的综合情操”，为什么这样讲，能不能再详细跟我们谈谈？

好的公司有共性，不好的公司也有共性。好的公司是它不断地成长和不断地波动向上。最坏的公司是，20年间每三五年它五六倍地掉下来，一次又一次的，这种就是坏公司，它不想长远，不讲持续性，就比如一些国企，可能因为不是自己的公司。

茅台为什么这几年走这么强，它也是国企，人家说得很好，我要烫平周期，你去投资，不用担心波动，就叫烫平周期，用你的研发，用你的体系。就像茅台这样的，其实它现在的利润完全可以翻三倍，但是翻三倍有什么意义？翻三倍之后去了六千块，又跌到了一千，这就给投资者造成很大的伤害。很多上市公司会吸引你，涨了5倍之后，一杀下来就会令你破产，现在很多高波动率没有持续性。很多的公司，三年五年就一个大起大落，他们就是炒作股价，这些公司都不值得投资，除非整个团队重组，彻底改变。

好的公司不断成长，你看我们的阿里、腾讯、茅台、恒瑞医药、片仔癀，他们都有长期持续性，如果因为突发的一些行业标准跌下来，那没问题。为什么我们的周期股估值不高？为什么一些公司时涨时跌，它的业绩再好估值最后也不高？因为大家对它不信任。其实如果真正去研究上市公司的话，一个公司一年有15%～20%的增长就很难得了。如果我们自己去做小企业，每年增长20%已经算很优秀了。

长期来看，一家公司的股价走势能否熨平周期是判断这家公司优秀与否的一个重要标准？

熨平周期主要是在它的核心竞争力，这又回到刚才我们说的基本面那边，在于它的研发投入、核心竞争力。如果行业不好，但它竞争力强的话，它可以横向撑死行业的市场，就可以烫平它的周期，再不好的话，横向加竖向，就是降维打击。横向是这样，竖向就可以跨行业，以它的能力跨行业出来，就是核心竞争力。

研究过这么多公司，能不能跟我们谈谈最难忘的一次投资经历?

十几年前吧，我特地去片仔癀考察，当时片仔癀的药是147块钱，现在可能七八百一颗，但是一九九几年100多块钱一颗的药其实蛮贵的，一盒12颗就两三千，我研究他们公司的时候就亲身试了下药。我前几年研究一个百年品牌的保健药的时候也一样去试了，当时比较无知。所以我们这种不是专业懂药的还是要谨慎一点，大家也要引以为戒，食品饮料试试倒无所谓，药再怎么保健也是个药，如果用错了，那就是很大的问题。所以我建议大家试什么都好，不要试药。研究完之后我就一直跟踪和投资类似片仔癀这种的股票。

其实茅台10年前我就一直在跟踪，因为我觉得每次吃饭，喝酒花的钱比吃饭的还多两三倍。我半年前就说，一个饭局要有好的酒、好的朋友圈、好的美女。所以半年前讲医美就是这个逻辑，投资其实就是身边的事。我这么多年投资下来就觉得，如果不是几万亿的资金，如果是1000亿以下，那身边的东西就已经够你投资了。五六年前消费升级的时候，最经典的就是去超市看，超市有卖的，大家平时还买的，就可以纳入考虑范围。因为消费升级，消费者不会为了便宜5毛钱就选一些不知名的品牌，有一块半的东西他还是会选两块钱的，因为知名嘛。消费升级的时候我问我太太，为什么这个贵了一些还要买，她说，因为我认这个品牌，有安全感。就像茅台一样，为什么喝几千块的茅台，几百块的酒也不错啊，有人反正就是感觉茅台喝下去对身体更好。一些顶级的品牌，LV也好，GUCCI也好，就是感觉很有质量，买了就是安慰剂，有安全感。

有品牌的公司会给你相应的质量和安全感，而安全感是很重要的。在中国你就投资有安全感的公司，特别是食品这种吃下肚子的，越觉得安全的投资标的越值得投资。比如说日用品，我很喜欢一个公司有终端产品，不像手机，做供应商，它没有终端产品，什么时候被人家贴出去都不知道，等你知道的时候可能腰斩再腰斩了，它没有自主自控的权力。比如我们的洽洽瓜子，瓜子很小的对吧，五六年前我研究它的时候觉得瓜子没什么科技含量，但是没想到它在德国进了一个机器用来选瓜子大小，小颗的直接挑出来，就像那种能区分不同颜色和大小的水果的机子，只不过这分的是瓜子。看似很简单的行业，但是它可以用机器分出来大小，能筛选出比较标准的产品，那也不是简单的事。其实普通行业也有高科技，只是普通人看不到而已，这就是品牌背后的故事。

其实消费者有个误区，只觉得卖手机的、做芯片的才是科技股，其实不是的，品牌背后的故事都是有科技的，高效率的管理、品牌的塑造、资料的抓取分析，每一样都离不开科技的帮助，不然怎么保证你产品的稳定性，怎么保证自己的质量远高于同行？这些品牌背后的故事都是科技。之前人家笑话说茅台为什么选院士，但是能把一百多道工序做好，把品牌塑造好，把每年上亿瓶的酒统一化、稳定化，这些都是科技。其实很多普通投资者对科技的概念还比较狭义，我个人觉得科技无处不在。

能为消费者提供安全感的公司不容易做成。拿我们做投资业来讲，为什么很多人会选择龙头行业龙头公司，因为有安全感。同样银行都会破产，但是四大银行足够大，有国家支持，有那种安全感，所以大部分钱还是在四大银行里。

我们国内资本市场现在还是有涨跌停板的，如果未来像美国一样没有涨跌停板之后，任何有价值的公司都不如有安全感的公司。你看很多公司，一年涨了50倍，一天可以跌99%，这就是没有安全感的公司。

我们一直说投资要活得长嘛，我估计如果抓住安全感这一点，未来二十年有百分之八九十还会活着。我们现在股票市场还没有衍生品和杠杆，虽然也有一点融资融券，历史上有过本金投资都可以亏90%的。如果你有50万以上的资产，拿50万赚了5个亿，然后上市，做到3万点，你不用担心跌到3000点才会破产，可能从3万点到2万点你就已经破产了。如果你抓不住安全感这个概念的话，你永远还是在过程中，最终还是会失败。

你现在对于投资的理念很接近巴菲特、彼得·林奇这些人选公司的理念?

其实投资到最后都是这个方向，殊途同归。我们现在看到国内外的一些大咖，他们讲的是心里话，只是很多人听不懂，但你用心讲给他听就行了，他听得懂是他的福分，没听懂也没必要去争执太多。

我的建议是，大家可以先看看巴菲特的老师，之后再看巴菲特。因为巴菲特的老师格雷厄姆曾处的一九二几年跟我们现在这个状况一样，他的核心逻辑是“捡烟蒂”[1]。我们现在很多普通投资者也是，一个公司到熊市末期的时候，他就觉得公司实际值10块钱，现在3块钱买入很值，这个逻辑是以捡烟蒂的概念来选的。但之后万一3块钱涨到了10块钱，他不知道怎么办，可能他不知道从3块到的这个10块和原来那个10块不同了，去到10块以上他不懂了，涨到10块钱可能它值80块了，因为公司在不断成长，不断变化。

巴菲特的逻辑是另外一回事。我们就拿千年老茶来举例子，千年老茶现在很少，茶叶可能500块钱一斤，普通同类的茶可能才50块钱一斤，而且千年老茶越来越少，可能以后是五千甚至五万一斤。普通的茶树可能越来越多，普通的茶叶就可能从50块钱变成20块钱，因为它会越来越多。当时买“这棵树”的时候，巴菲特的逻辑就是“千年老树”会不断稀缺，不断创造价值。可是

① 本杰明·格雷厄姆（1894～1976年），生于英国伦敦，证券分析师，享有“华尔街教父”的美誉。代表作品有《证券分析》《聪明的投资者》等。“捡烟蒂”理论，比喻用远低于账面净值的价格买入不受人待见的公司，等待市场对其估值的修复时再卖出。

很多投资者就会买一些现在市场觉得性价比低的公司，就是“捡烟蒂”，他会觉得反正都是喝茶，都一样的。

所以我建议先去看巴菲特老师“捡烟蒂”的故事，再去看巴菲特价值投资的故事。刚才讲的是年轻人的欣欣向荣，巴菲特老师是一个老人，他已经去世几十年了，遇到困难他的理念还是有一定价值，可是随着时间推移就会不行了，会慢慢地死去。巴菲特的理念就是找一个不断能成长，不断能印钱，不断可以“下金蛋”的行业，然后永远投下去。

但“捡烟蒂”这个路径投资者们还是要走一走，不然如果突然走到巴菲特这个感觉，他就会懵了。所以我很建议先看一下巴菲特老师的书，看完他的逻辑，再看巴菲特，最后还要把巴菲特背后整个资金逻辑搞清楚。

“巴菲特背后的资金逻辑”是什么意思?

巴菲特的资金逻辑是整个投资的闭环，这种闭环也是我们在学习的。

巴菲特不给别人管钱，他是管自己钱的。他有保险公司，大股东的钱买他的保险，他管他公司里面的钱，他的钱除了赔付之外是只进不出的，这个又造就了他长期资金的来源，也恰恰和他的投资逻辑在长期价值观上匹配。我成立了我的公司，你买入我的公司的股票，现在40多万一股的，因为我赚了钱就给这个公司，所以你买我公司的股份也可以成长。

巴菲特的钱和他的逻辑是很匹配的，其实巴菲特打造了一个另类机构，打通了整个投资闭环体系，他不受别人干扰，别人也干扰不了他。不像现在很多投资者把钱交给一些机构，涨了是神，跌了是狗，他就逼着执行的人最后去高抛低吸，这个是不对的，应该是低抛高吸。

毕竟巴菲特一般人很难学得来。

学不来，他的门槛很高，你不可能有保险公司，你不可能成立一个自己的公司然后去购买他的东西。巴菲特可以成立一个金融集团，保险公司是他集团里面的一环，公司上市，你可以买我的股票，完成我的投资。假如说我给巴菲特100亿美金他肯定是不要的，他会说我不是给你管钱的，我是给自己管钱的，我是一个闭环。所以很多人学巴菲特是学不到的，这几年很多金控平台都是想完成巴菲特的逻辑，可是有巴菲特的闭环又缺失巴菲特的价值观。因为人是这样的，有投资能力就没有融资闭环能力，二者都有那就成为神话了。

我们现在还是在一个怪圈里，特别在中国市场经常千股跌停，经常颠覆你的认知。别人会来安慰你，但这个意义不大，投资要讲成功率，你投资十次成功两次，我该不该听你的呢？

跌的时候90%的概率会继续跌，普通投资者说你怎么经常跌了还继续持有呢？因为我是在赚投资中线和长线的钱，假如是短期或者中期的调整也就调了，但是谁知道什么时候是中线，得跌下来才知道，对吧？所以我们投研要有个闭环，运维要有个闭环，思路要有个闭环，打不通闭环，会“好心害死猫”。

其实普通投资者对自己是最关心的，可是他们应该最关心的是我怎么能投资闭环。有一些年长的比较有智慧的人，就买业绩好的，价值好的，跌了我就守着，我等它好起来。看着很简单，其实它是有闭环的，业绩好，行业好，跌了我就守着，这个就已经是简单的闭环了。反而那种好像很聪明的，反倒是亏得一塌糊涂。

根据我二十几年的经验我要提醒一下大家，投资到5～8年的阶段，你是亏最多钱的时候。因为这个时候他感觉已经认知了99%，他就会下重手下重注，无知且无畏。我经常跟别人说一定要注意，特别是一些赚了比较多钱的企业家，如果一开始就赚钱不是什么特别好的事，他得亏钱理解到我讲的这几个本质。其实普通人和资深投资者区别不大，只是他内心对事物的本质看得比较轻而已。同样一张图片，大家都能看到这里有几个人，但是能不能想到谁在给他们拍照，大多数人不会去想谁在拍照。就像股市上，很多人只会看着这个图去想为什么涨了，他没想到背后做局的人，他也没有能力去想。不经历几年打磨，很难有这种格局，都是在整个投资过程中吃过很多亏才开始敬畏市场。

很多股票我们都说不追涨不赚钱，当一个股票从10块去100块的时候，80块钱你都可以追。可是你要知道，一旦100块钱之后跌到70块钱，你要全面砍，不要觉得我80都买了，70还可以买，千万不要想这个问题，你要想它是从10块钱涨起来的，除非你确定它可以从70块钱涨到300块或者更高。很多人不知道背后的故事，所以很多人也会有误区，你看这个股票以前80多块钱，现在跌到3块钱，有的人说赶紧买。但是情况不同了，80多块钱的时候，它就像一个二十来岁的年轻人，现在跌到3块钱它可能快死了，你说它3块钱值吗？比方说一个苹果5块钱，烂了一点，2块钱卖你，其实它一分都不值，烂苹果吃了反而可能对身体有害，烂了的没有任何价值。我建议投资者，千万不要尝试去抄一些面临破产的企业，很多人由1块钱跌到2毛多钱亏了70%，100块钱跌到30块钱也是跌了70%，没什么区别。

所以我说**投资一定要看到本质，本质分很多类型，价值的本质、行业的本质、亏损的本质、砍仓的本质、止盈的本质等，我刚才讲的很多看似都有道理，其实最后的本质才是最重要的道理。**

其实为什么这么多大咖都讲哲学，因为不可能三言两语就讲清楚自己的投资思路。投资体系、选择行业、选择公司、选择公司本质、选择公司的过程，每一个环节估计都要讲很久，何况全部加起来呢。最后融合成一句话，敬畏市场，个人在市场面前真的是蝼蚁都不如。

金融市场是一个充满诱惑和陷阱的地方，那么在面对这么多诱惑和陷阱的时候，你是怎么做的？尤其面对这么多公司，可能很多公司都会想做，当面对诱惑的时候，你是怎么做取舍的？

我一直跟我们同事说，要学会抛弃钱。每天有几十个涨停板，有的连续一个月涨两三倍。就像择偶一样，你对对方不了解，你不知道怎么回事，可能没事的时候就没事，一旦去了，烂东西都给你了。

我觉得投资者错失的机会不用可惜，因为你介入的时候可能这个机会就没了。就像前段时间说比尔·盖茨，如果他的股票一直不减持，他现在应该有4500亿美金，实际上他现在才1400亿美金，这中间差了很多。可是我觉得他应该庆幸，因为如果他牢牢抓住这4500亿，可能他已经没有这个公司了，就不会有现在这么辉煌的微软。微软现在有一两万亿美金的市值，可是他作为创始人如果这些东西不释放出去，他的公司可能没有人保护，没人关注，公司都没了。所以我觉得放弃才是我们投资的第一步，而不是得到。当你放弃的时候，你才可以专注。一年赚20%已经是股神了，何必每天盯着所谓的黑马呢。

以前只有五六百只股票的时候，我们经常复盘，一天花三四个小时看五六百只股票，每只股票可能就看两分钟左右。第二天一看，昨天明明看过这只股票，为什么就没有买它呢？其实没有意义，两分钟你可以做什么决断呢？无效复盘，无效投资。更重要的是我们选择好的行业，好的布局，好的公司。以行业来讲，一个行业有高中低价格，有重组的，有价值观的，有很多事情去看，这一个行业就足够你去看了，最起码去看看这个行业有没有变化和前途。有时候就是买对和买错的问题，买多和买少的问题，没必要全部抓住。我们没有能力抓住，不可能，就是最顶级的阿尔法量化也捕捉不到所有的，只能捕捉到每个的一小段。

所以我的方法就是，普通投资也好，机构也好，关注适合自己的行业，在关注的行业中去选择我们可以布局的行业。我建议投资者要有一个资产配置的心态，不只是机构，就是普通投资者也不乏发现黑马，只是抓不住，买不多，这是什么原因呢？因为他买多了怕，买少了可惜，就随便买一点算了。所以一定要有好的价值观，好的行业观，好的心态。

其实顶级公募和顶级私募有个共性：分仓比较散。他们的区别在哪里，在这么分散之中，你的价值观是顶级的，你的行业选择是顶级的，你选择的公司在毛利率和各方面是有竞争力的，这三个维度再加上资产配置，拉长来看，它就是很完美的。

短期的波动不能代表什么，不管公司是连续三个涨停板还是连续三个跌停板，只要本质还是好的就没问题。很多投资者过不了波动率这一关，茅台也好，腾讯也好，回头看一看它们的波动率算是最少的了，但是这样也有人受不了。所以我们要解决心态的问题，我们通过团队分工合作解决这个问题，主要是让每个环节具有有效性。

我十几年前就看领导人讲什么，报纸头条讲什么，那几个顶级咨询公司又写了什么票。都看完以后再看行业看报告，又从基本面到技术面，用KDJ、MACD复盘整个市场的股票，又看周线又看月线，又分大盘，又分个股，又分ETF。可是一轮下来，这么努力，无效地研究了无效的体系，是没有意义的。

其实我这么多年都还在学习，学习怎么产生有效性。我们很多时候不管有效无效，“啪”一下就下单，几千万几个亿就这样买完，买完之后真的有效吗？逢低买有逢低的无效，因为你接受不了再低；逢高买的时候，你接受不了回撤。投资决策都有两面性，追高有追高的优势，短期处理成本，可是追高之后回撤也比较大；抄底，抄完后还有更低，每个策略都有两面性。怎么解决两面性，当你心态偏左偏右的时候，怎么让你的心态稳定，解决完基本面、行业、技术面的事情之后，还有个最大的坎就是心态。其实说到心态又要讲到资产配置，资产配置就涉及海量投研数据了。

你说我是银行工作的，我觉得银行好，可是如果你的股票池里有各大行业的，你再神也不可能所有的行业都熟。这就是为什么越专业的机构，越大的体系，完成的波动率和收益率越稳定越持续，因为普通投资者这一点可能真的做不来，我建议他们做减法，买入好的行业，分几个公司持有，大不了像巴菲特一样，看好的行业买ETF就行了，就这样长期持有出来也是很好的了。[①]

不要太聪明，因为背后比我们聪明的人更多，他们有资金实力，有行业政策影响力，有各个团队的研究体系，就算你有两个，但缺一样都不行，如果你三个都没有，那就不要考虑了。

比如我现在比较看好未来的基因工程，因为我觉得研究一个行业，最主要是看它行业的趋势和这个行业

① 想了解更多ETF投资知识，可参见《财富自由之路：ETF定投的七堂进阶课》，徐华康著。

的路径，路径就是这个行业有没有前景，看它的研发体系是不是高效的，只要高效，这个行业不是今年就是明年后年必然有热点。因为如果你的研究体系没有高效性，它肯定会被市场淘汰。以前人体基因工程这一块，检测一个要40亿美金，一年之后1亿美金，又一年之后1000万美金，现在1万美金，可能之后会更少，这个就是高效研发降低成本。所以我选择行业主要是看是不是有未来，看它的研发体系是不是高效，因为不高效没人认你。

特斯拉就是这样的，其实汽车最麻烦的就是发动机，但要攻克几百个难题才可以搞个汽车那还搞个什么？于是特斯拉根本就不要发动机了，直接搞电池，完成高效，高效的路径带给它成功。我们研究行业时候，如果它的路径未来是成功的，我觉得这个行业值得投，不一定是我们现在投了明天就会涨或者怎么样，甚至我觉得在研究透的情况下，它涨得越慢越好。拿投资来讲，真正起飙的时候，就因为我研究得深，它涨10倍、

20倍我也不一定走。如果不高效的话，今天买了明天涨20你就走掉了，有什么意义？这个研发体系对我们投资没有任何意义。

现在成功的行业就是高效，高效的背后是什么？叫懒人经济，比如外卖，以前开个车一来一回就为了吃一顿饭，现在躺在家里就行了，还有现在每个人打开微信像皇帝批奏折一样开始回复消息，抖音里面多少美女为我唱歌跳舞，这些成功的行业都有个共性，就是高效。

2021年5月公布了我国第七次人口普查数据，全国人口14亿多，老龄化集聚，这块未来将有很大的市场，我未来投资也在老龄化这一块。以前平均寿命也就是六七十岁，以后可能到八十、九十甚至是一百岁。以前爷爷能看到我结婚就比较难了，更别说我生儿子了，以后可能重孙结婚他都能看得到。以前60岁退休，70多岁人就死了，现在活到80多岁的很多，因为我们有好药、好的保健、好的生活、好的卫生。所以一代一代积累下来，养老将来是很大的市场。

在高端的基因工程这一块，以后寄来个管子采集一点唾液或者血液就能测了，也不用排队了，输入这些数据就能分析结果，对症吃药，不像现在100斤的人和100公斤的人都是吃一颗药，轻感冒和重感冒也都是一样的剂量，这样是很不精准的。所以以后老龄化会催生巨大的市场，高效的路径才是我们的未来。

除了刚刚讲的基因行业，还有很多行业，如果它的路径是高效的，我们就可以考虑。投资还有一个拼眼光的概念，眼光分对市场判断的高度、深度和广度，所以分别有人在股价5块、6块、7块、8块的时候走，有些人100块钱的时候才走。老有人问我，曾总你手上有什么票。你问我也没用，可能我给你说完它从10块钱跌到8块钱，那你要骂死我了；或者10块钱进去了，11块钱他就走了，然后又问下一个，哪有这么多下一个的。我研究一只股票可能研究一两年、两三年，跟了十几年，它可能是10块钱跌到8块钱，但盘了一下，一两年之后从8

块钱去到80块钱。但是不可能刚给他说8块钱之后突然起爆点，然后一路不回头地涨上去，那是不可能的事。所以我觉得**普通投资者还是要想办法，把自己投资的闭环路径想好**。投资是一个很危险的行业，你一百次成功一次失败就会破产。所以我建议普通投资者不要去轻易投资，人生败家第一大要害就是投资，水非常深。

我记得有个故事就是说，上海有个拆迁户，他补了七八十套房子，卖出去有十几个亿，这个人觉得我一下有十几个亿怎么办呢？他左研究右研究，跟大咖们请教，过段时间他这十几个亿就败掉了，越学习越研究，越亏损，他的路径和方法肯定是不对的。你要不然就找信任的专业人士，要不就打造一个适合自己的投资体系。银行反正也不关门，我就不加杠杆买银行，我觉得国债可以的，我就买国债。千万不要被外面太多的诱惑吸引了，你不仅要注意自己不被吸引，也要注意自己下一代不被吸引，别儿子出去听到这个人说我们有一千倍回报，那个说我们有大佬，就这样被骗了。

普通投资者不要贸然去做投资，就像在澳门赌场一样，开始赚钱可能不是好事，开始亏钱可能也不是坏事。

真的要投资，要么找专业人士，要么自己做ETF定投。

对，可是我们中国的ETF定投也是比较头疼的，好像上证指数20年也是两三千点。我建议大家去看一下是什么机构定义的ETF，大众化的ETF暂时不建议，因为你看大众化的ETF，上证指数很多股票是翻了10倍拉进去，快退市拉出来，这个也麻烦。买ETF，我建议大家还是找一些比较顶级的公募或者各方面设立的一些行业细分的，确实没有办法就只能买大众化的了，如果你还有一点点专业的话，就买一些比较知名的行业配置的ETF。

你谈到前12年是一个摸索、积淀、深化的过程，之后开始有自己成立私募的想法。从你有这个想法到正式成立现在这家公司，这期间你在做什么或者是什么样的状态？

这应该也是十几年前的事了，当时公募基金刚刚诞生几年，在国内我们可借鉴的机构化的东西很少。像赵丹阳①是国内第一个做私募的，当时也是借鉴香港的一些通道，因为当时香港是国际化金融中心。赵丹阳他们第一个产品都是在香港出来，后面才在国内的信托基金里去做。当时经验很少，只能借鉴像国外高盛那种机构的成长路径和国内一些做起来的公募，私募更神秘，能借鉴的公开的东西寥寥无几，近七八年才更公开化。

其实不论机构化也好，投资也好，最后还是要专业

---

① 赵丹阳，1972 年生人。2002 年受邀加盟国泰君安（香港）公司，并担任赤子之心中国成长投资基金（香港）基金经理。率先将海外信托基金模式引入国内资本市场，并推崇“用实业投资家的眼光审视证券投资”，有“中国私募教父”之称。

性。当时我就想什么叫专业，专业可能是专业认知、专业投资和专业布局。我们就借鉴了当时国内的易方达、广发这些做得比较好的公募基金，借鉴他们的投资管理模式和内涵。别人可能只看到他们表面的成功，但是我更关注他们是怎么成功的。除了这些东西，我还关注他们怎么投，不管怎样，毕竟绕不过投资这个坎。像有的基金，它看好的为什么只放了一成仓位？为什么在看好的地方还要去分这么多行业？我当时不理解，因为我们当时的投资都是比较集中的，有可能一个仓位两三只股票就完成了。公募基金都会公布前十大持仓，但是当时我们看他十大持仓都不超过30%，最看好的也不超过10%。我就很好奇，为什么有这个状况，之后一直在这条路径上摸索，发现原因主要在于他们的投资思路以及个人行为的风控，因为他们更追求长期稳定的收益，他们是作为机构为普通投资者做投资的，考虑的不是我要赚很多的钱，而是我一定要稳健而持续。通过这件事情我觉得这个路径也是正确的，不然为什么公募这些年会诞生过万亿的，有些个人基金经理都超过一两千亿了，原来他们这条路坚持下来是对的。所以我也就沿着这个方向去学习投资思路、投资心理学、仓位管理学等等这些东西。

十几年前的时候，国内的私募行业还没有很规范，所以我们只能一直等，一直研究，期间就采取给一些比较信任自己的亲戚朋友做顾问的这么一个形式，最后指导完，他们做得也不错。又经过七八年，私募行业开始起来了，我们那几年的准备也值了。私募刚刚放开以后，第一批那28家也不是主动申请就能随便开业的，也是做了很多年的老一辈的机构，从第二批开始就相对放松了，我们就是第二批的，第二批也不多，就几百家。后来过了一年就一两万家了，我们应该是前500家以内成立的一个私募机构。

2014年开始行情走起来了，我感觉一个公司肯定要为长远打算。虽然当时行情天天风风火火，但是我做了一件别的公募私募可能都没做的事情。一个产品有期货端和股票端两个，一些所谓的民间股神或者机构可能懂股票，但是再懂点期货的可能性不大，懂对冲的可能性也不大，但是我那时正好懂一点，因为20年前在香港的某个银行里做过衍生品相关的东西，我就在想我第一个产品该怎么做。我觉得中国股市可能有涨得好的时候，可能也有跌得坏的时候，我要想清楚跌的时候怎么处理。

当时很多机构比如私募都是刚刚兴起，所以除了总部的人可能都不是特别专业，他们就拖拖拉拉拖两三个月。那时我们刚成立完，指数两三个月就从3000多点直接去到5000点，可是我们当时也不急，我觉得投资是长远的。我们2014年尾成立公司，2015年五六月份才发行第一个产品，刚好碰到股灾了，但恰恰因为我准备充分，所以股灾的时候，我们也有比较好的防范。当年股灾第一个月的时候，我们是全国冠军，别人可能亏得都不知道怎么回事了，我们还有十几个点的收益，就是因为仓位控制好了，又做了一个对冲。

好在成立公司之前有这么一个六七年的准备，如果没有准备贸然走向机构化，我估计即使侥幸度过第一轮股灾，第二轮股灾也会被消灭，第三轮熔断也很难逃过，随便哪一道坎儿可能就把我们消灭了。做了这些准备可能也有运气在。

你刚才说在股灾的时候对冲起到了一个重要的作用，这个“对冲”是股指期货吗?

对，股指期货2012年就上了，我们也是很早参加股指期货的一批。可是股指期货和衍生品我只用来做对冲的手段，并没有想着以盈利为目的，结果遇到股灾反倒幸运地盈利了一点点。我知道衍生品可以做多也可以做空，然后做防范，它本身是个复合游戏，本身就只是个工具。其实市场上很多人都入魔了，将工具变成赚钱的主要途径，这样不好。

你刚才说还是要认清衍生品作为工具的本质，这是不是也是你这么多年一直专注股票领域，没有进入期货、期权这些衍生品领域的一个重要原因?

期货期权这些衍生品，我是比较少有的作为公司负责人亲自去找各大机构来跟我讲解，按理说是研究员、基金经理他们去做的，但是我觉得作为公司负责人，如果不去学习，即便有最好的研究员、最优秀的基金经理，给你提供的主要策略你看完之后不懂、接受不了，那也是没用的。

你看第一个产品的期货是20年前的，我其实很早就开始学习国际上的东西，可是为什么我学而不做呢？其实对很多投资者来讲，知道和会做是两回事。你要拿自己的策略结合衍生品去融合，很多人知道衍生品很好，就去用了，但是不知道自己会不会用。就像我本来是练刀的，你叫我去用剑，我也知道剑能杀敌，但是我本来是一个刀客啊，如果我要去学大刀和剑法怎么融合，这个过程是会很痛苦的。

比如近期比较火的场外期权，其实我从一开始就一直在学习，跟着一个机构负责人参加他们每个月的会议，了解相关信息。可是我为什么经过三年还没落地呢？因为我更谨慎于工具和我们策略的融合度。就像我之前研究股票，一只股票可能会跟踪十年八年，因为有好多票不是说我跟踪了十年以后就没有用了，好的公司永远有用，你的积累随时可以拿出来用，投资也好，研发也好，工具也好，只要你积累下来了，未来就有发挥的作用，而不是说积累了就立马要用。就像我们公司现在还加入了金融工程这一块，金融工程主要是在数据测试，并不是说一测试好了数据就天天涨，我就开始焦虑为什么没有买。你要测试，要理解，好好测试理解完之后再去用它。知道和用好，我觉得相差好远。

比如很多财经记者，他单纯讲的时候很对的，为什么做不好？我深深地知道，因为讲得好跟做得好离得很远。我一直在思考的就是，怎么把讲得好到做得好的中间环节打通，这也是我每一次深度思考中花费很多心思去琢磨的事情。

就是一切要为自己的主策略服务。

对，不可能一看这个策略很好就把自己的主策略抛掉。比如我是一个武术家，拳脚上的功夫已经练得很好了，然后我现在有了一把刀，虽然刀很厉害，但是我本身就很有武功的底子了，刀再好也不可能武功不要了就用刀，可是我可以借助武功练出来的内力腕力去用刀。就像你本来硬功厉害但是非要天天耍杂技，杂技你不一定耍得好呀，搞不好就砍到自己身上了。你要稳稳地抓住这把刀，不要让刀来带动自己，而是用我们的内功来带动这把刀砍向哪边去。就像小时候看的电视剧《圆月弯刀》，弯刀是一把魔刀，代表衍生品，怎么控制刀的魔性，怎么拿得住这把刀，这才是我们要考虑的问题。

你筹备私募之初借鉴了不少公募基金的经验，能不能跟我们谈谈在你心中公募和私募的优势和劣势分别在哪？

我觉得公募基金的优势就是资金实力，还有数量庞大的一手资讯和一手材料。而且因为每个公募其实都是有大集团或者国家的背景，所以除了市场部之外，不用花太多精力去找人才，人才会来得更容易一些，各方面团队也有他们的流程和规划，这是他们的优点。

私募的投资相对比较灵活，在中国市场，私募的仓位可以降到0，但是公募按现在的标准最低也要有80%的仓位，因为要避免一些公募拿着钱不做事情，国际惯例也是这样的。私募比较灵活，行情不好仓位就可以降到0，尤其在中国市场，几年好几年坏，这是投资这一块的一个方法。另外私募对于一些上市公司资料的接触也比较灵活，不像公募监管得那么严格，公募对一些动态的信息处理没有私募那么灵活。二者的主要区别就在于仓位和投资比例。

按我来讲，其实现在公募和私募殊途同归，都是对优良资产进行顶级配置的逻辑，但是在配置完之后，我们的优势是可以立即降到0。假如我们同样都有好的投资理念，好的仓位价值观，长期来讲可能还是私募业绩会好一些，灵活性还是很重要，特别是中国市场，从现在到未来二十年，作为新兴市场波动率还是比较大。

像这两年其实可能公募表现得会比较好一点，是不是也跟他们的仓位很重有关系？

对，公募等了十几年的价值观这两年终于来了。这几年一个是仓位比较重，第二就是价值观吻合了，就像俗话说的三十年河东，三十年河西，赶了个好时机。不过现在很多私募都在走向价值判断的路了，对核心价值的判断。其实现在很多正规的私募都不会过于炒作个股，因为现在监管越来越合规，这会产生一些市场误会和内部风控的问题，所以我们最后都会越来越往那一块走。

很多人可能还不了解私募基金，能不能谈谈它的运作模式是怎样的?

普通投资者可能觉得比较神秘，但其实跟公募基金一样，私募基金也是金融服务机构，也是服务一些没有时间打理自己资产的人，他们把资金交给一个他们相信并与他们有相同价值观的机构。私募也是有流程化的，并不是外界传的可以操纵市场，呼风唤雨指点江山。比如我们的风控、策略委员会、投委会各种流程都是有的，投资总监选择未来一年到两年或者更长时间的方向，基金经理对行业数据进行一些整合，基金经理助理、研究员就做整合数据的去伪和数据对比，我们公司的金融工程部会对前面队伍没有覆盖到的东西进行最后的一个筛选。

刚才你谈到了公司的投资委员会、风控等组织架构，能不能跟我们谈谈和赢基金这边主要的部门组成以及各自的分工？

我们主要两个部门，一个投委会，一个合规会，就投资端和合规端，合规主要负责运营，因为金融的合规我们还是比较看重的，毕竟涉及金钱的问题。投资部下边会有具体的细节，最高层的是投委会，投委会下面的是投资总监和风控总监，再下面还有风控检验助理、基金经理、基金经理助理、研究员。如果遇到策略委员会那边分析的话，会由风控、投资总监和合规负责人一起进行，因为合规那边涉及公司运营、客户维护和渠道维护以及各方面反馈回来的事情，如果针对市场的波动大家有异议，就会动用投委会。

那正常情况下做出一个投资决策，比如说要对哪个建仓、对哪个减仓、要重点跟踪哪个公司，像这一类的决策，一般情况下是自上而下的还是自下而上的，还是都会有？

我们现在主要是在做细分行业的覆盖，我们先是自下而上，最后决定是自上而下。自下而上是细分行业的全覆盖，自上而下最后落地在各环节的优化，最后还是尽量往各个环节最好的股票去选。

你觉得跟其他公募私募比起来，你们的优势在哪里？

其实我觉得是比别人更专注，花更多时间在这上边，不太想别的事情，我会专注本质的东西。随着时间的推移，对好公司的理解度是会不同的，每个阶段都不一样，十年前、现在以及未来十年对好公司的理解都会不同，这种理解是在升级的，而投资最难的就是每个阶段市场都在进化和升级。

随着新的行业诞生，可能原来的价值观和逻辑就不再适用了，20年前你怎么想得到腾讯会发展得这么好？怎么会想到美国的亚马逊这么好？用20年前的价值观可能觉得他们都不行，这些公司这么烧钱，根本不符合以前的价值观，烧来烧去不会破产吗？当时他们就是打江山的价值观，占山为王，做垄断，只要没死永远都要招兵买马，融资烧钱打下江山，一劳永逸。

未来可能是什么模式，我们以滴滴来讲，以前阿里、腾讯那时候免费都算很牛了，近10年滴滴和京东那个模式都是烧钱的。我不止免费，我还要给补贴你，你用我的我就补贴你，你用我的等于赚到，你白用了我还要给钱。你来了我请你吃个饭，吃饭还不行，我还要发个红包给你。

我们经常说美国跟中国价值观不同，在中国有伟大的党的领导，我们未来可能是另一种价值观。我们也在猜想未来的价值观会是怎么一个状态，市场上又会出现什么新的业态。虽然还是在猜想，但是我们也一直在关注，这也是为了抓住未来最大的投资机会。

比特币其实已经产生互联网灵魂了，从前几年的IT、全息技术、3D技术、智能AI，到目前的新业态，我们要看一下市场在未来怎么变化。像我准备了7年再成立公司和没准备就成立公司肯定是不一样的，如果不经过准备，梦来了我们都不知道怎么去捕捉它。

举个例子，大家都听过孙正义投资马云的故事，可是我听完之后，我就觉得绝对不是说见到马云都揭不开锅了，孙正义还拿2000万美金给他，他肯定是想了很久，知道如果自己拿这2000万在日本做一下最后可能全没了，还要自己费心管。现在有个小伙子做的这个事情跟我的想法一样，那我就投他吧，又能帮我干事，我还能当老板。他投马云之前肯定是想了好久，在他整体规划之中他准备了很久，刚好遇到这个人来到我身边，我就投给他。

未来的事情现在还不知道，但是我会大胆畅想。前几年我比较喜欢看《未来简史》，这本书对一些人工智能、基因改造的事情都有很大胆的畅想。我觉得写这本书的人很伟大，他的思路很清晰，我很喜欢看那些很前沿的幻想家大师写的一些东西。我们自己想的东西不一定很厉害，但是大师已经很成功了，他想的东西对我的畅想很有帮助。在看书的时候，你看得到的、听得进去的就是自己的宝藏，看不进去的永远都不是。

所以如果大家了解我的投资的话，就会发现我的投资更多的是在畅想未来，而不是回顾过去。既然过去的机会我们已经错失了，那就不要再错过未来的机会。

根据这么多年的经验，你们公司的团队一直在关注前瞻性的机会，而这种前瞻性的机会往往是最具有成长能力的。

对，前瞻性虽然是最难的，但可能是最有机会的。很多人投资的时候都会看以前的，前年、去年和今年的业绩很好，他不会想明年、后年会不会也很好。一只股票现在的股价和业绩恰恰是展现了它现在的价值，其实很少有低估。中国市场一亿多的投资者，上百万专业的人才，就盯着这几千家公司，很少有低估又给你机会的。很多人都想追求那些别人看不到的机会，这种概率比去澳门赌钱还难。我们的眼光应该比他们更长、更高、更广、更有认知。

我觉得现在的投资已经很好了，现在都是信息化，很透明。人家上百个全国最顶级的专业机构、上万的专业大神一起研发的东西，在他们基础上，我们再通过自己一些异于常人的想法去做。其实伟大的科学家、伟大投资者都是比较特别的，大家都想成为第二个巴菲特。但如果了解一下的话，每个成功的人不管是马云也好，马斯克也好，他们内心里面都很特别，都有异于常人的感觉，你跟他交流完之后可能晕乎乎的，根本不知道怎么回事。恰恰是这些人，要不是精神病，要不就是天才，人们常说精神病和天才就在一线之间。

那么基于同样的信息量，公司这边的团队怎么能够看得更深、更远、更异于常人呢?

这就要求各个部门的每个人都要有深度，我期待的是，一个基金公司里面专门洗厕所的人，他都应该要比普通投资者更专业，因为他一直在专业机构里沉淀。其实我觉得中国资本市场里的专业投资机构发展的时间还是太短了。

我们民族可能有一个特性，拿教育来讲就是什么都学，语数英物化生什么都学，政治经济什么的都学，这个基础意味着每个人都可以当领袖。但是以我选择团队来讲，我更想找到二十年前的自己，可以从早到晚为了研究而研究。这二十几年走下来，每个阶段我都走过，普通投资者、研究员、助理基金经理、基金经理、投资总监到公司负责人，我全都走下来了。在公司人才的搭建上，我会看一下在公司这些人之中，是否有人有我当年那个阶段的潜力，如果有的话我觉得这个人就是人才了。如果他这几个阶段什么都懂，可是每个阶段的标准不高的话，他也成不了大才。就算是一个小研究员，假如能一直孜孜不倦地研究，那他标准就高了，很有深度，很有高度，很执着。什么叫高度和深度，无非就是执着，就是打破砂锅问到底的执着。有些人如果听一下就一笔带过了，我觉得他也就这么回事。为什么每个部门的人分三六九等，公司也分等，其实就看这个部门、这个公司对自己的要求有多高。

其实我个人对自己要求也蛮高的，对同事他们的要求也蛮严厉。就像马云说的，你不能改变别人，但是我能指一个方向，我们一起去完成信仰，做让人尊敬的公司。我成立公司初期的时候也会手把手地让他们去做什么，但是后来人都不知道哪里去了。后来我就觉得，首先要价值观吻合，指一个方向给他们，让他们自然成长。因为在思想上直接给别人塞"钱"是没有意义的，当你把一个有价值的东西拿出来，他肯伸手去拿才是有智慧的。因为我们投资也是在市场去拿，如果他不懂的话还是硬要塞给他，那他也不会领情。我觉得还是借鉴一下比较成功的人的思路，我们去跟合伙人和团队讲我们要做的这件事，也讲做这件事难度很大，这种难度大家有没有信心。当然大家努力，我也会配置一些东西，当你已经努力到极限了，我就大概知道你的能力以及能为这件事情付出的代价有多大。我一直都说失败是很正常的，而就算付出常人难以忍受的代价也不一定成功，但是不做一定不能成功。

其实我们也借鉴了一些前辈机构的做法，比如我们的跟投制度，每个产品我自己都有跟投，要有归属感。这样如果他管理的产品赚了，有自己跟投的钱在里面他也会小赚一笔，亏了也只亏了一点点。即便他们没有钱，我也要出钱给他们跟投，要有个归属感。像这种跟投制度，比较成功的、知名的企业都会有，可是也不多，我们尽量去把基金经理的个人责任与产品绑定到一起。既然绑定在一起了，他们也会更努力一点，我觉得这样也会更好一点。

公司现在有多少只产品？

有9只产品，主要有三大策略，进取、中性和稳健。

不同策略的标准是怎么划分的？又是怎么选择针对不同策略的特别标的呢？

这三个策略其实都在我们统一股票池的一个概念，主要在仓位管理和个股集中度会有一些区别。

比如进取的可能是融资融券打满了，它的仓位集中度更偏向于同行业中高波动率那边。中性的相对比较分散，杠杆率不高。稳健的主要是更分散，不加杠杆率。但总体还是沿着我们主要思路的策略，因为我们一个机构成立初期是有一定使命感的，我们毕竟不是那种天生家里背景雄厚的，我跟我身边的团队的钱都是在市场博弈中赚的，就是投资赚的钱。我们能在市场上走出来，在别人那里得到一定的认可，自己的压力也是很高的，因为进取的压力是蛮大的，越成功，失败的影响就越大。

很多投资者就问我们，为什么你不能把全部策略统一化呢？统一化是我们未来的目标，统一化以后业绩就不会出彩。不可能说你几百只股票一分仓，等十几二十年之后你就像巴菲特了。所以我们第一阶段就是想，既然我们自己觉得有信心，那就大力给自己施压，给团队要求更高一点。之前佛山游资在全国的名声也是蛮高的，作为我来讲，之前业绩那么好，现在一年十几个点自己也说不过去对不对？所以一年不超过徐翔都觉得自己对不起自己——十几年前徐翔和我都是一样出名的。公司现在走到第二阶段，已经有一定的业绩了，我们拿了很多冠军，当地的冠军，华南区的冠军，全国范围也拿过一次冠军。可是回过头来讲，我觉得需要学习的东西还有很多，还是要追求更持续的战略转型。

很多投资者都还是比较急躁，所以我觉得巴菲特真是很神，神在他经过几十年的努力之后，最后打通了他的闭环。我估计巴菲特四十来岁之前，也是走我们这条路，还没有收购保险公司，自己公司没上市，可是他最终打破了他的怪圈，达成了他的闭环。我们现在投资很多时候还是会受到顾客的影响，因为股票不是涨就是跌，天天涨可能还好，一跌你咋搞，再跌怎么办呢？所以有时候会有一些困扰，在低位砍了，站稳了又在高位去追，要是一直涨还好，要是在高位又跌了，那就很头疼了。

很多投资者、客户或者伙伴，有时候他们说的东西和我想的东西是不同的，也不能单纯地说他的就不对，只是我们看的时间长短不一样，因为我看中长的，他们看这两天。股票连跌五天之后，还可能跌，但是第八天可能又涨上去了。一只股票长线能涨十倍，它也可能涨一倍就跌个五六天。这种干扰对整个行业也是一个弊端。如果一个私募公司里面老板还不是投资总监的话，弊端就更大，除了外部的压力还会有内部的压力。我们和赢还是比较独立自主，只有一个外部压力，或者内部压力也有，至少我们没有顶层压力。其实一个公司通常会面临三重压力，一个是顶层压力，一个是内部压力，一个是外部压力，顶层压力来自公司内部的老板，内部压力就是公司同事之间、委员会的压力，再一个压力就是外面的压力，我们暂时只有两重压力。

你刚才提到公司在一个战略转型阶段，战略转型方向是怎样的?

我们现在一看就看五年了，而不是说今天有热点追一下，明天有热点追一下，我们不会这样做，我觉得这样子很不成熟，天天都有热点，今天疫苗明天碳中和，后天又有什么，哪里追得来？你不能带着资金到处追，这样一看就知道是小散户。

有的人说自己还要做T，来找我做T，我一听就知道他格局很低，你以为你拿个100万炒股呢。你说高抛低吸还好，一讲到做T，那我就知道你比较一般了。除非我们公司有做专门做T的团队，如果投资总监也说做T的话，那就麻烦了，基金经理说做T也麻烦了。

你看我半年前的时候讲的医美，我看5年；基因工程，我看10年以上。一个年轻人的利益，一个老人的利益。年轻是当下，所以炒得比较疯，人都是活在当下，投研也比较简单，如果一直研究对我们的投资是很有效的。所以我现在跟一些客户说，你不要看着今天有热点，市场一下子涨10%，而是要在看好这个行业之后，既要耐得住寂寞又要经得起考验。忍是比较难的，很多人不要说涨两倍，涨个20%就忍不住了，怎么能说在涨了两倍之后再等它涨十倍，那个就靠你的深度了。

其实我一直觉得我们把赚钱搞复杂了，投资要做减法，要提高思想高度，多深入思考。有些很顶尖的人经常批评巴菲特，我觉得没必要，你批评他干嘛，人家四五十岁就打通闭环，你还在跟人家拼投资，根本没有去看闭环的问题，多无知。拿自己的强项去攻击人家阶段性的弱点，我觉得是很无知的。

你被一些人称为“金融圈疯子”，这个称号是怎么来的？

可能是因为我现场交流的时候，讲未来的比较多，所以感觉我好像比较疯。可是三五年之后再看就会发现我讲的东西是对的，他们是误会了我，我讲了一些商业秘密他都不知道。我现在不是太在乎别人的看法了，也不太想去解释。像马斯克啊周星驰啊，对与不对也没必要给别人解释。有些人为了自己的名誉，怕别人说自己坏话，误会自己是这样那样的人，还天天去解释，其实有时候没必要去解释。我主要讲未来的东西，连我自己都在探讨的，可能是我已经准备了5年还在探讨的事情。

普通人不了解我的时候，可能觉得我讲的东西不着边际很玄虚，如果真的认识五年以上，再回过头来看我讲的东西，他们就会相信了。我很喜欢在我讲的时候有人可以录下来，因为我有这个自信，未来几年之后我讲的东西就会慢慢被验证。人们会误解也很正常，因为大家想的东西不同，水平线也不同。我在这个过程中也会有做错的时候，我也不奢望他们能完全谅解我。人生是处在一个不断学习的状态，做得好的就当是自己应该做的，做得不好的就自己反省一下，别人的批评也就当成动力了。

在大家的信息基本接近的情况下，最后前瞻性可能是很重要的一部分。

对，人与人之间最好是能向对方学习到一些东西，我有时听不懂别人的，心想是不是我的水平不到，没听懂这个大师讲的东西。当然我不敢说自己是大师，这么多年我也是第一次做视频采访，十几年前佛山来人采访我，最后都砍掉了，这些年就一直沉淀。

现在机构化已经很规范了，我觉得我走出来也无所谓了。因为以前太规范是赚不了钱的，可是现在大家都慢慢开始规范了，我觉得现在走出来没什么问题，就像人家说要选择抛头露面的时机。既然现在可以走出来，我就希望我未来可以更加正规，更加流程化。我每两三年都会更改并优化自己的一些思路，我也希望我未来几年能有更多的思维。

从2014年公司成立到现在2021年，差不多有7年的时间，在这段时间内公司有没有经历过一些特别难熬的时候?

资本市场难熬的日子实在是太多了，但是我印象最深的是我们第一个产品下第一单的时候，也不知道是好事还是坏事，赶上了当地那几年最大的一场雷雨，昏天黑地的。我们第一个单是2015年五月中旬，隔天就大涨大跌。第一笔单下单的时候，就一直在下雨，当时我们还打趣说今天刚刚成立，第一次要下单了，怎么这么大风大雨的。结果后来才发现，原来大风大雨在后边，现在想想可能也是上天的一种警示吧，哈哈。

大家可以看一下，股灾之前的那十天都是大涨大跌的，6月中旬的时候就直接大跌，在这次股灾见顶之前的几天，当天指数就跌了五六个点，很恐怖的，一天跌200多点。那时候跌完拉上去，过几天又大跌，然后又拉上去，最后过几天噼里啪啦就股灾了。当时大风大雨夹着闪电，后来我就想是不是老天在说“老弟，我已经用天气给你警示了，下单的时候悠着点”？算起来其实上天还是帮过我的，是警示过我的。真的挺玄乎，这几年最大的一场雨就在那一天，整个天都黑了，后来真的是中国资本市场最大的一场暴风雨来了。

那个时候算是刚成立压力比较大的时候吗?

那压力难以形容。我们产品本身是有预警线的，产品本身不加杠杆，0.8预警，0.7清盘，可回撤度就是30%，不加股票融资融券和杠杆，你的本金可回撤度就是1/3。按预警线，如果全仓下去就等于4倍杠杆，承受的压力可想而知，尤其在那个时间。

我有两次在当天的时候回看全国最知名的大数据，比如当时的东方财富，我回头看大跌的时候的那些数据，我说不行，有问题了，太恐怖了，这一个月只有两天是净流入的，其余二十八天净流出超过2000多亿，将近3000亿的净流出，很恐怖。

那个时候的仓位是什么情况?

砍，私募行业就是这个优势，我直接砍到没有了。后来跌到三分之一，我要开空仓了，你知道我当时为什么要开股指期货空仓吗？其实我在绑着我做多头的手。你看资本市场都喜欢做多头，跌两三天，从5000点跌到4000点总要抄个底，所以我还是买空，再去到3500点你总要抄个底，国家要救市你总要抄个底了。

当时空头也是噼里啪啦地开始开了，后面有个限空头，而且如果你当时亲历机构化，那时候真的是你再怎么左躲右躲都只是亏少一点而已，没有说不亏的，大环境就是风雨交加的。那时候国家救市从开始的涨停板到下午的跌停，第二天还跌停，第三天跌停，就算躲过了初一，也躲过了十五，那也躲不了下一个初一和十五了。很多人等不到国家第二次、第三次救市。

后来有人说，你股灾时候都赚钱了，为什么最后反弹的时候反倒没赚钱？因为我没有去抄底，如果我一直想抄底的话，我估计没有到抄底之前我已经直接爆仓了。从涨停到跌停就已经20了，还要吃两个跌停那就40，两天就爆仓了，怎么等得到它反弹的那一天？但是反弹完之后又是从4000多点跌到2500多点，从2800多点反弹到4000多点，之后又跌到了2000多点，这个还是没所谓的。之后最经典的一幕来了。

那是2015年的时候，我觉得我们公司还不错，最高5000点成立的，两轮股灾下来，还赚了十几个点，就想明年冠军绝对是我，所以2016年1月1号放假之前全仓做多。你还记得1月1号宣布什么事情吗？熔断机制。那个就更经典了。我开盘用了8分钟将全仓砍到空仓，不然熔断之后就可以关门了，就给我8分钟时间。那时候还是一腔热血，因为每年都会公布一个业绩指引，就觉得自己还不错，那就来吧。我为了防守还买了一些蓝筹股，举牌的有大致记录。为什么8分钟？恰恰是因为熔断，放假的时候说“抓妖精”，我恰恰全部买“妖精”的蓝筹股，还加了融资。真的是太吓人了，吓坏了，那时候比被捉奸的感觉还害怕，这都不只是一夜回到解放前，直接要回到石器时代了，世界上已经没有你了。

当时你是怎么能在这么短的时间内做出这个决定?

是这样的，我有个特色，大跌我肯定是砍的，我砍完再说。因为我从小听了一些以前所谓的股神的说法，大跌必杀，因为你根本不知道为什么大跌，最恐怖的就是你不知道为什么大跌，先跑了再说，你知道怎么大跌还好说一点。就像1929年美国最大的金融风暴，一开始谁都不知道怎么回事，知道也就不叫金融风暴了，都是跌一下才知道的，反正我是大跌就走了，明天再开始。

2017年的时候我就觉得一定要出本书，我怕忘了那个时候，因为实在是太经典了，一天都是经典。现在很多人都选择忘记那一年，我恰恰是要深深地记住它，对我来讲是一个财富，我很感谢我成立机构之后亲身参与了三轮股灾。一般是五到六年一个股灾，如果不是这三轮股灾，正常经历三轮要用二十年。在市场上，普通投资者不经过一两轮股灾是升华不来的，更何况作为机构是担当管理团队的责任的，最起码也要经历一轮才能成长，两轮最好，我参与了三轮，死里逃生，历历在目。

熔断逃出来之后空仓了多久？

也没空仓，我就做套利。

是哪种套利?

AB套利，大家可能还不了解，有机会可以去查一查。当时有A类的和B类的产品，暴跌之后产生一个AB差，到达AB差即将暴跌的时候触发了合并，合并之后AB差就会产生合并差价。

人呐，平时想多点还是有好处的，在最困难的时候还有解决方案，逃疯了的时候还能抓一把吃的，不然这么多灾难不被打死都被饿死了。十几级大地震，你不能光逃，你还要找吃的，不然你困在那里也会被饿死。所以平时的功夫用多点，关键时刻还可以尝试去想办法。

那段时间来自客户的压力怎么样?

因为刚开始成立的时候，客户对我都很信任，所以那时候反倒是没什么压力，其实我也做得蛮好的，大股灾没亏钱还能挣钱。

主要还是自己面对市场的这种压力，已经不知道怎么办了，因为大家都没有经历过带杠杆的股灾。所以只能想象，模拟了一下，如果没有加杠杆，你由100万跌到20万，股价有20万，你可以20万慢慢涨回上去，这还是100万。可是有杠杆的话你100万跌一半就没了，永远没有回补的资金，多头没了。我100万的股票80万卖给你，60万可以卖给他，20万卖给他，那边的资金还会存留在这里吗？因为我卖给你，你卖给他是不是？卖出去就没了，全消失了。我身边有朋友有个几十亿上百亿，资金已经直接消失了，到现在为止最能扛的扛到前两年也扛不住了，因为他们有几百亿觉得可以控制一些股票，可是几年下来的资金成本就已经耗死他们了。

所以你才总是强调敬畏市场。

对，敬畏市场。所以我很感谢这几次股灾，以后就算经历再多，不说从容应对，最起码也是过来人了。为什么说投资者要找专业机构做投资，其实就是买他的教训。所以我说私募基金也好，其他金融机构也好，其实本质是一个金融服务，卖出他的精力、脑力和努力的研究。华为也会买全球MBA最顶级的智囊报告，有些事情在国内没遇到，在全球可能遇到了，他们就会出个智囊报告。我们的客户信任我们，也是信任我们的智慧和团队，我觉得我们还在进步，天天在学。

在这么残酷的一段时间，当时那种压力你是怎么处理的?

压力主要还是来自对各方面的责任。压力感越大的人，其实责任越大。有的人说我没有压力，那可能也说明你没有责任，要不就是在吹牛皮。像我对于未来的一些想法也会给自己压力。处理的话，就是去健身，运动。

那段时间有怀疑过自己吗?

我经常怀疑自己，不只是那段时间。怀疑自己不是坏事，要看你怎么看了，很多人说不要怀疑自己，但是在怀疑和坚定之中产生一个平衡才是我们需要的，过于自信和过于不自信都是没有意义的。

身边很多朋友，有炒重组股成大神的，有炒价值股成大神的，我觉得都可以，可是你成于什么，其实也败于什么，有一句话叫做盈亏同源。以前我们讲投资论、策略论，思维有单思维和双思维。重组有重组思维，就是困境反转了，要重组了。我们价值股就是内生价值，就是巴菲特的价值理论。那可不可以两个理论进行纠缠，搞一个结合体，再加上对冲的结合体？如果你问我是什么风格，其实我很难告诉你一个准确的风格。有的人觉得价值好就想投你，或者觉得我这个资金就想投重组。但是他们都不知道，这个方法选择的是基金经理，而不是投资总监，但有时候他又想找公司老板投资总监聊。如果他喜欢这样聊，我就介绍我下面的基金经理，这个是价值的，你跟他聊就行了，这个是重组的，你跟他讲就行。投资总监一定是对各方面都有一定的理解，才作为投资总监。所以一些机构找我的时候，他们其实找错人了，他们要找的其实不是我，因为他们作为机构来说，他觉得自己是投资总监，没想过他有没有能力做投资总监，你以为未来就是重组，光说我看好重组，他没有否定过自己，看好就一定是了吗？投资总监除了懂这个东西，还要判断前沿，未来会不会有重组行情，就像三四年前要判断有没有核心蓝筹股价值观。

我就发现很多机构，以结果导向，这几年市场不好，量化好，我就投量化了。他投完之后市场好了，他说量化不行了，当股票涨了几倍又去投股票了。所以最好是投资总监和投资总监聊天，大家在同一个角度比较容易互相理解。其实我现在跟他们聊，就问你们想投什么，想投重组，我把最牛的做重组的基金经理介绍给你认识。偶尔有些人很拽，我不知道聊什么，我就要看你聊什么，觉得自己是金主，觉得你们要跪下来求我。我现在理都不理他们。他们说觉得我是疯子，其实我是没有理他们，我也没有必要跟他们争执。

还是要选一些跟自己想法比较一致的人。

对，其实我们自己也有很多需要学习和优化的问题，我也希望未来各行各业都可以不断进步，他们也难。有些客户机构本身自己的钱就有十亿八亿，股票可以在几千只股票中选一只，但你要选人，从业人几十万，选到合适的就更难了，我也理解他们。

你认为一般的投资者在投资上有哪些常见的错误理念或者习惯?

最常见的应该是投资比较急，赚钱比较急，其实现在水平越高的越不急，越急就越不高。他们比较急，分两点，一个是追涨，这是普通急，更急的就是在次新股，因为次新股它可以一天翻倍。特别是亏损越多的时候越急，就去经常会堕入一个越来越急的怪圈里去。可转债也是一天可以涨一倍的，一般比较急的是追ST的5个点的，有一些更急就是10个点的，再急一点是科创板20个点，再急的就是在上市当天或者上市前5天的科创板，因为前5天科创板是无涨跌停板的，他会堕入“急”这个概念。

太急就会掉入另一个方向，有时候他连那个公司是做什么的也不知道。“急”这个概念是最痛苦的，没有经过一个很顺利的研究，没有对这个行业的分析，没有判断，对任何事情没有准备，他根本没有考虑他有多少承受风险的能力，只考虑我想赚多少钱。普通投资者最容易堕入这个“急”的魔圈还不自知。

资本市场上亏钱还急的，大概是以破产为结束，就相当于去赌博了。只要他有一分钱他都还会去，他急到可以借钱、融资、透支信用卡、贷款和抵押房子。可是他没有想过他的方法是错误的，他怎么做都是错误的。不要说普通投资者，就算成功的投资者也会发生这个问题。成熟一点的人，发生完之后他会认识到这是错误的。可更多的人不觉得这是错误，他只会觉得运气不好，涨的时候说可惜没多买，跌的时候就可惜昨天没砍，永远做一些没有准备的账。

如果他的投资思路永远是没有准备的账，那就永远会随着时间不断扩大亏损，直至灰飞烟灭，这个就是投资最大的弊端。比如他长期选择一些成功率很低的行业，现在市场90%左右甚至更多的都是不好的公司，可能他买某只股票100次，其中有2次是对的，但是他没想过98次是错误的，这样100次之后融合出来，他就会选择错误的方向。

你从事交易以及资金管理20多年，对交易或者投资这件事目前最大的感受是什么？

到现在为止，我觉得最大的感受就是我们不是炒股，我们是投资。这么多年到现在，我觉得我们的钱是做投资，可是百分之九十的人觉得他不是做投资，他是来炒股的。

我感觉以投资的心态去做投资，就像投资我们的小孩，一直投资下去，是一种长线的行为。如果你现在不花钱，不花百万千万到他身上的话，以后如果他不懂事，家里就算有一百亿也能一下挥霍完了，所以越是有钱人对教育是越重视。怎么可以解决这个问题，只有不断学习。我们也是，我们经常觉得自己的投资有很大可能倾家荡产，举个例子，20%的杠杆已经很低了，假设你在市场有1000万，杠杆拿了200万，2015年的股灾就可以让你亏完这1200万。如果你拿30%的股票，2016年的熔断就可以让你破产。

从全球历史看，近100年的危机，像古巴导弹危机、石油危机、雷曼兄弟房贷危机、次贷危机、1929年的危机等，投资者一旦加杠杆，你的风险就完全敞露，因为我们不知道世界哪天会来一个军事冲突，哪个疯子会爆一个原子弹，那时你说整个金融市场会怎么样？

如果让你给刚刚涉足交易的人几条建议，你会给什么建议？

如果是刚刚涉足，我觉得最好从他身边的工作，他最熟悉的行业去投。比如做电子的可以投电子，做医生的可以研究医药，这样相对容易理解，也容易摸透路径。假如你身边的都不懂，那些看不见摸不到的你更不懂了。像喜欢喝啤酒的可以投啤酒，喜欢喝白酒的可以投白酒，身体不好的可以看看用的药是常药还是处方药，我感冒了经常拿着药看一下是不是上市公司的。如果连这个都不懂的话，就投它的加工厂，看看行业最牛的供应商，如果公司有竞争力你就投它。

如果是已经交易多年还没有稳定盈利的投资者，这样的人你又会给他什么建议？

我建议关注他的资金投资曲线，如果时间拉长还是一直往下亏损的话，就要颠覆自己原来的思路了，那绝对是不对的了。做不对的时候就要去看一下一些成功人的方法，从模仿到创新，抛弃自己原来的错误思维，要先模仿。要认识到自己的是错的，去模仿，再进行生根，慢慢再自我创新，这样会好一点。

普通投资者可能认识到自己的能力有局限，处于食物链最底层，想把钱交给基金经理，能不能跟大家谈谈，普通投资者应该怎么选择基金经理？

其实也蛮简单的，可以去看一下这个经理的历史状况是不是自己要的东西，喜欢稳定收益的就找稳定收益的，喜欢主题投资的就找主题投资的。因为年龄段不同，每个投资者也不一样，如果他对某个行业看好，但他又研究不了，没那么多时间去了解这个行业，不知道行业的动态，也不知道未来行业发展会演变成什么样，他就可以投这个主题的基金经理。假如他发现自己的研究能力和对未来动态、基本面的把握能力不足，就去投他喜欢的这个行业，找这个主题风格的公募也好，私募也好，去投资，等他们完善，等他们解决，相当于借力，因为自己很难解决，顶级的公募和私募都不一定能解决，普通投资者就更不能解决了。这个市场还处在不断进化和学习的过程，从专业性和时间维度上讲，基金经理们的水平往往会比普通投资人高，所以我建议他们选择这个方法。

你认为一名优秀的基金经理人应具备哪些重要的素质？

基金经理人应该要具备专业知识，对未来的前瞻判断，对价值的评估也要有一定的体系，还有抗压能力，能在困境之后扭转困境。其实我们回头看一下，每个知名的基金经理，他的成长路径都是不断地在困境中求生并积极成长。很多投资者只会看基金经理的成功，一帆风顺当然好，可是如果他能不断绝处逢生，我觉得更难得了，虽然最好没困境，但是能在困境中翻身就更难能可贵了。

前面可能已经涉及了一些，现在请你专门谈谈，你怎么看待中国股票市场未来5～10年的机会？

未来5～10年中国股市机会非常大。中国前几十年一穷二白什么都没有，资本市场前30年是建在沙滩上，到现在才刚刚有水泥地，就是说我们有一定的经济体量了，我们有一定的生活标准了，我们已经可以解决基本温饱，整个资本市场可以真正为他们的梦想和初心去做一些事了。

这几十年大家可能看到了资本市场黑暗的一面，但是想想美国、英国、日本，他们开始也是这么黑暗的，可是第二阶段他们就慢慢开始为了投资者去谋求利益，所以未来10年或者20年，是比以前那20年更幸运的。这种“幸运”也代表了要在更高维度去辨别这个公司，以前90%以上的公司信誉都不好，现在可能降到80%或者70%，未来可能会继续降低，但是难度依然比较大。普通投资者只有牛市才会赚钱，因为大家都涨了，当80～90%的人都可以赚钱的时候，他才能赚钱。未来能赚钱的人数可能永远都突破不了30%，30%美国都做不到，只是大家的梦想而已，美国现在能赚钱的比例也就是15%～20%，反正5%是非常赚钱的，15%是在赚和亏中间反复徘徊，已经算是好公司，只是说可能不会赚很多钱。全球最发达的国家这个数字也只有20%，我刚才说30%就是像在说神话一样。未来选择难度依然比较大，所以他们要学习的知识是很广的。

讲一个很简单的例子，你说谁可以研究行业，经济学家之中哪一位有高到能研究一个行业的维度？行业协会吧，行业协会下面什么人，都是这个行业最顶级的企业家。研究行业很难的，可能会长对这个行业都不是完全理解，所以我们应该降维到企业，我现在就越来越深入到企业的本质。其实研究一个企业很难，即便是管理一家公司尤其是那种庞大公司的董事长研究起来都很难。我们现在有高科技还好一点，可以管理我们的基本系统，比如卖衣服的都会有一个库存系统。我觉得一个普通投资者，最好就直接研究到公司。第一选好公司，第二就是深入研究这家公司，把自己当成一家公司的顾问，大企业和它的众多分公司这些海量数据就够一个人研究了，像这个行业，这家公司，它的趋势以及它的突破等等。

我现在追求的更多的是企业的本质，就是研究透这家公司，透到什么程度？这家公司的出货量，企业老板的战略，企业的招工人数，还有很多其他细节，就是一个董事长该研究的东西都要研究，这才叫研究企业，这个也不容易，像看看它的年报，看看它未来的战略，参加它的股东会，多跟他们高管研究一下。把握一家公司已经不容易了，更不要说一个行业，不要说全球，然而有些投资者一天还要看几十个行业，可想而知。

如果从主线来讲的话，未来5～10年你个人比较看好的是什么板块?

现在我们公司主要投资两类行业，一个是年轻人，一个是老年人。我近3～5年看好的就是医美，爱美之心人皆有之，人们都想要吸引异性，这是个市场。你看商店，你看互联网，“美”这个东西占据了最大的流量，人们花了最多的钱。回想10年前最有流量的大商场的门口，卖的是衣服、化妆品等等美的东西，现在人们花最多钱投入的也是美，像香水、化妆品、衣服，这个我们就叫投资于“现在”。投资无非就是投资“现在”跟投资“未来”两条主线，方法想得通，逻辑讲得通，剩下就是选公司了。

“现在”指的是年轻人的需求，“未来”指的是老年人?

对，但是老年也不是未来的了，其实“未来已将至”了，只是相对年轻人的“现在”来说是“未来”，只是在未来不断爆发它的体量而已。前10年老龄化没那么严重的时候，这一块体量基数很小，增速没那么快，但是一旦它体量大了，对好公司来讲就是起飞的机会，好公司就非常有价值了。

我们做一个假设，如果你拿到一张去外星球的船票，要离开地球10年后才能回来，你所有的资产被要求放到一个投资品种上，你会放在哪里？

我就会放到基因工程，老龄化大市场里最顶级这一块。假如一生只有一个投资，只买进不卖出的话，我可能会往这边走。人只要经济达到吃喝不愁，就会非常看重自己的身体，就好像古代君王有绝对的权利和绝对财富之后，就会遵循人最本质的自我保护的想法，这个就是人本性使然。

基因工程这一块有很大的未来，有机会大家看一下《未来简史》[①]，人类对自我的研发、保护和壮大其实很少，我们中国的普通人经常七十多岁才开始保养，恰恰是这个原因，这一块我看到了巨大的市场。这个也很正常，50年前还是饥寒交迫的年代，随着科技的发展，

① 《未来简史》是由尤瓦尔·赫拉利创作的科技理论类著作。该书主要讲述了进入21世纪后，曾经长期威胁人类生存、发展的瘟疫、饥荒和战争已经被攻克，智人面临着新的待办议题：永生不老、幸福快乐和成为具有“神性”的人类。

未来20年内除非出现一个重大的气候变化，不然食物是源源不断的，这个反而不用太担心，对身体的保养却是很重要的。

现在这个阶段在投资中还会经常遇到困惑吗？

经常有困惑。

反复出现的一般是哪一类？

各方面可不可以做得更好，业绩上只是其中一环。我经常想问朋友，你认识的5年前的我和现在的我有什么区别，如果没有变化我就会觉得自己有问题，要去面壁思考了。

第二部分

投资系统

做对了5次价值波段的趋势，急拉一次的容错率能不能弥补你之前赚的钱？既然弥补不了的话，为什么这么辛苦？任何一个策略本身就有双面性，人最高端的就是赚长线的钱，能结合中线就不得了了，短线千万不要去做，很容易堕入魔道。各行各业的投资都有入魔，我们不是在人世间成佛，我们都是在魔道中成佛，投资为什么这么难，就是要在魔道成佛，我们不是在人间行走。

走出魔道就是弄明白你要去哪里。我之所以说是在魔道，就是每天的吸引太多了，令我们忘记了我们要去哪里。

我们接下来谈得更细一点，谈谈在投资中系统化这件事。你认为什么样的投资系统能称得上是一个系统化的东西，它要具备哪些要素?

我觉得谈到投资系统就很复杂了，涵盖了对未来方向的选择，成功率有多大的评估，还有在行业之中你布局的稳定性。因为每个行业都有海量的股票，要考虑你系统中比例的稳定性有多大，假如未来市场没有按照你预想的去走，如何进行修正，如何把投资要素适时地进行弥补和加进。

这个系统还要看有没有对个股价值持续评估的能力，比如30块钱买入的时候你很坚定，那到了300块钱的时候你还能不能坚定？很多大师都说，要忘记成本。

现在从30块涨到300块，很厉害了，但是如果你过不了30到300这个坎，又怎么去到3000呢？像腾讯10年前已经翻了20倍了，近10年又翻了30倍，但你能不能拿住？在投资系统之中要有你的价值评估和行业前瞻，企业在变化，你的系统怎么可以深入到企业的互动之中对自己进行评估，所以我非常佩服那种能长期和战略持股的战略企业家。每个上市公司的创始人是最富有战略性的，不管他以后能不能成功，这些人都很有战略，这是他们固有的优势。我们发现优势企业之后，怎么可以在战略股东的层面下承载他兴和衰的过程，这就考验深度投资的眼光。

这几年开始，我已经开始研究产业，有投资战略眼光的人，大成功的人，除了研究上市公司的本质和动态之外，行业方向的本质也是很重要的，这个投研体系就很大了。很多人会投，也就是会买，都说会买是徒弟，会卖是师父，大道理都懂，但没有多少人关注怎么实现从徒弟到师父的转变，其实我一直在深度思考买和卖之间这个过程怎么完成。

以前去香港学习的时候那边很流行一句话，股市就像上车下车的游戏，有些人坐了两个站下车，有些人坐了五个站下车，有些人永远不下车，就像巴菲特一样，上了车之后一直开。有小师父、大师父、顶级师父，就看你在哪个维度去研究体系。每个人都有自己的投资偏差，当你看得更远的时候，你就不想跟别人争执了，每个人都觉得他是对的，或者说也没有对错。一段路几十个站，能说第二站下车就不对吗？按他的理解那就是对的。

其实我不喜欢“交易”这个概念，我更喜欢“投资”这个概念，你把它框在了“交易”，那也许就是失败的开始了。框架框的不是别人，最终框的是自己。比方说现在30块买了苹果，你设了一个框架苹果值70，这就为以后埋下了伏笔，你想着既然70是目标，那60就能走了，然后50也可以走了，最后没准45也走了；有的人30块钱买了，最后可能35块钱就走了，这还哪是赚钱的逻辑；有的人可能到了25块钱看着不对也走了。这个叫交易。巴菲特的成功主要不在交易，他的成功主要在投资。其实拿我身边的例子来讲，只有极少数的神话做交易能赚很多钱，我估计他只是阶段性地完成了而已，或者别人只看到他这个人交易很牛，本质不是这样的，别人对他有误解，真正能赚很多钱的不是在交易。

前10年的投资者比较喜欢交易这个概念，我希望我的团队在搭配选择方案时尽量学会用非交易的逻辑，交易吃苦而不得力，为什么我们要选一个又苦又不得力的方式，而不是选一个好的行业做投资安排？我们坐下，在优化数据之后出来，我们可以半年内都不看，之后再去总结，有时候天天看盘就不相信市场，也不相信自己。所以我希望我未来可以解决这点。

我一直说，投资是“略”和“术”，即战略和战术，交易是“术”这个阶段的一个细分，在战略面前战术是一个很白痴的东西，所以很多顶级的公募和私募不会很在乎他的买点和卖点，你怎么知道你的买点很厉害？你的数据也好，KDJ也好，那个只是支撑你下赌注的东西而已，短期买入可能有用处。但是你为什么在乎一个硬币里面的一个小部位？我们太在乎这一点，我们太贪了。大家也常说，不贪就不会死。我一直想要努力突破这一瓶颈。

别人经常说我低调，其实不是的，我一直想带领团队解决这个问题，我不想他们再吃一遍我吃过的苦，我一辈子是战战兢兢爬过来的，那些苦都是我吃尽的，我不希望团队跟着我再走回原来的路。如果回头来讲，我不会选择这个行业，这个行业太苦了。可是我既然做了这个事情，我希望带领我的团队、我的投资者，使他们尽量少受这些苦直至脱离苦海。

我很喜欢年轻人加入我们公司，我希望他们不要因为小聪明去吃我吃过的苦，因为很多人都会耍小聪明，觉得这个是对的。就像巴菲特说的一句话，你没有找到一个躺着赚钱的机会，你会做到死那一天。我感觉现在我还没找到，不过差不多可以找到了。

你觉得这个机会在哪里?

深耕某个行业，深耕某一篮子公司，做好合理的搭配，做好一定的对冲，你要做到明天世界末日都可以活着，这个要求蛮高的。我们很多投资者风险敞口很高，我见过很多投资者说压力很大，自己炒股票压力都很大，容易破产。中国的股民很痛苦，当时有个数据说，30%的股民有神经衰弱，确实，我估计都不止。

我希望带领团队带我们的客户在每个环节都进行有效的投资，放弃市场海量的机会，抓住某一个我们觉得最有机会的点，人生的资产能翻个二十倍不错了。我们身边的客户在前几十年积累了财富，他们中年以后资产能再翻个两三倍就不错了。这是什么概念？他做生意做了三十年，资产翻两倍就等于他多了两个三十年，这就够了。而如果他追求的方法不对的话，最后可能全被消灭了，更谈不上几个三十年。

我觉得现在还是先把自己内部的人说服，做有效投资，有效分工。我有时候跟团队说，不要说你，我投资了二十几年我都还这样，你觉得你做的时间比我长，领会能力比我高，还是比我努力？每个人都有自己的战略定位，做足它，整个团队产生赋能，给客户赋能，减少走的弯路。

网上对你的介绍提到，你擅长以价值投机的角度来发掘优质标的，请你跟我们谈谈这一点，现在有没有一些更新?

网上的很多东西可能都是我十年前的理论了，那个时候的机会点只能这样做。我们公司成立之初，资金闭环、客户闭环没有打通之前，你不可能说这个股票我就看到80块钱，现在8块钱，然后跌到4块钱我都不理他，这种是不可能的。我只能说它到4块钱之后涨到20块钱，我觉得20块钱还可以到80块钱，就产生一个价值投机的趋势，这是开始的一个必然的阶段。

当我们的投资团队内和外产生闭环了之后，我们就去做真正的价值发现、价值等待和价值理解。现在我另外一个阶段就是深耕，我跟我的团队说我看好某个行业，从道理、逻辑和路径等等方面去考虑，它对不对，符不符合你的认知，符合的我通过更多数据去布局这些事情，共渡难关，共享荣光。我会讲我的理念然后执行，其实执行过程也很困难，有团队可能在执行过程中更加容易、淡定和自如一点，你交给我资金，我来解决后续的问题。当然我们交个朋友我也可以不含蓄地告诉你，我看好哪个行业哪只股票，你可以自己去买，我觉得也没所谓的。

你觉得在中国股票市场中有哪几种常见的核心的赚钱逻辑?

来来回回就是一个逻辑，选择好公司，然后持有。其他的都不能称为正道，就像跳梁小丑，只是感觉自己很聪明，最后走来走去都要回到这条路上，没有其他的路可走。其实这个逻辑很简单，你看巴菲特就知道了。

作为一个过来人，你怎么看待打板这种短线的情绪交易？

我的逻辑可能跟别人不同，我那个阶段打板是为了防风控，别人可能觉得风险很大，但我以前打板主要是为了防风控，短期资金来了，追上去来一把，第二天走了，再亏也亏不了多少，但是这样赚也赚不了多少，赚也就是涨停，跌也就是跌停，在我看来是这样，可能普通人看来只会想到涨停板这个东西会很好，很赚钱。但是在我的角度来讲就是控制风险，所谓的控制风险是为了控制收益，其实一个策略本身就是优势和弊端两边的博弈。

顺便谈谈你怎么看待做股票T+0交易的?

现在市场这块也比较火，T+0主要是在做市场情绪，资金量推动情绪的借势打势，在别人射出去的箭还没回头之前顺带跟着走一下，就是揩油水，不想花钱也不想花风险就拉一把，T+0的逻辑就是揩油的过程。

现在T+0有人工的也有策略的，就是一些全自动的，未来我们也会做这个策略，现在很多券商也有这个做法，可是我觉得这个做法只可以做辅助，正人君子虽然也可以交一两个揩油的朋友，但是不要被他带坏了，除非你很有定力，不然很容易近墨者黑。它可以作为一个工具，但工具本身是有魔性的，衍生品、期货这些都是有魔性的，你当然可以用这些工具，但是要小心不要被这种工具的魔性影响了。

你怎么看待波段趋势这种交易?

价值波段就是价值投机的这一类，是它初期的一种形式，价值趋势比如我们讲的中线波段，做趋势其实赚的是中间波段的钱，价值可以分成短中长，其实还是一种择时。就比如我以前很喜欢用数据，做对了5次价值波段的趋势，急拉一次的容错率能不能弥补你之前赚的钱？既然弥补不了的话，为什么这么辛苦？任何一个策略本身就有双面性，人最高端的就是赚长线的钱，能结合中线就不得了了，短线千万不要去做，很容易堕入魔道。各行各业的投资都有入魔，我们不是在人世间成佛，我们都是在魔道中成佛，投资为什么这么难，就是要在魔道成佛，我们不是在人间行走。

跟我们谈谈应该怎么做才能“魔道成佛”？

为什么会入魔？魔就是妖怪，它有个特性就是很美，很吸引你。为什么佛要吃斋念佛？就是要抑制自己的欲望，放下所谓的机会，机会本身就带来魔。华山论剑，分剑宗和气宗，剑宗比较直接就是练剑，气宗则是要先修炼内功，两派互相看不起。有人觉得练三十年才能要得一把好剑，我哪有时间？

我们的任何机会都是我们的魔，其实我们一直都脱不了魔道。每天看涨停板，我们满眼都是美女，女孩子投资的话满眼都是帅哥，前段时间讲的科技股都说是渣男，那些酒类这几年全是帅哥美男。我们在魔道之中生存，怎么可以去魔本身就很难。我们投资者都在魔道，那里每天产生妖魔鬼怪，就像我们监管层说成为“妖精”的事情，确实，按他的理论来说是对的。我现在也不敢说我走出了魔道，还是在魔道之中前行。

能不能分享一些经验，哪个方向是尽快能走出“魔道”的方向?

其实走出魔道就是弄明白你要去哪里。我之所以说是在魔道，就是每天的吸引太多了，令我们忘记了我们要去哪里。我们搞一个研究体系，去研究某一个对象的价值，可能我们还没开始介入或者说还没搞完别的研究，其他乱七八糟的事情又跑出来了，怎么才能坐怀守静，封闭内心。

千百种的魔，这个就要靠我们个人团队去修练了。价值投资走了十几年，这几年才出来，你可以想象他过得多辛苦，现在林园他们很牛是吧，但是十几年前那一批存活下来的有多少呢？后来很高光，但其间的过程谁知道？我们都是以幸存者偏差去认知。

能不能再集中给我们谈一谈，你现在的价值体系大概是怎样的?

我现在希望能把看好的行业完成一个轮廓性的布局，就像人的身体有手有脚有器官，我希望我的价值体系也能有这样一个完整的轮廓，彼此之间有支撑和配合。就像人摔了一跤，头磕破了但我身体没事，腿摔到了我胳膊还能扶一下，不要只有一只眼睛或是一条腿，我希望我的研究体系能变得像钢一样坚强。

我们现在对各行各业都有上下游的细分，有高价有低价，有龙头有高毛利的，我希望经过我们的研究之后能够完成一个刚强的自洽的研究体系，坚守我们的价值观。在魔道之中坚守是很难的，不管是自己、团队还是外界，坚守很难，我们就是要找到一个魔杖，让我们坚定要走到哪里去，即使走在魔道中也不能忘记，我们最终的目的还是要去西天取经。

一定要对“我要去哪里”有个深刻的认知，很多人不知道要去哪里，只知道我要赚钱，但赚钱是结果，怎么赚才是关键，然而很多人不去分析我们堕入了什么样的环境，比如我之前讲了一个食物链，层层不同的魔，它会制造“妖精”给你。

能不能跟我们谈谈你多次提到的产业资本逻辑？

产业资本逻辑就是深入了解行业的方法。产业逻辑就是上下游逻辑，一个企业一个行业有上游和下游，产业资本逻辑就涉及到产业资本的眼光和上下游的互动。

我们可以讲个问题，顶级的研究报告是怎么来的，主要就借鉴华尔街，但是华尔街的报告又是怎么来的，华尔街可能布局全球，研究各行各业的产业，比如说铜这个产业，华尔街就会研究它上游下游的量和动态数据。产业研究在深入本质研究，从原材料到成品到市场需求，深入研究企业的其中一环，自上而下降维到企业。

同样一个人，很多人只能看到这个人是男人还是女人，但是不知道他的血型，不知道他内部的东西，吃得饱不饱，吃得好不好。产业逻辑就像透视镜一样，深入你的内脏，透视完发现吃的是海鲜，还不错，可以去投他；吃的窝窝头，不太行，没什么营养可能还会把胃搞坏了。还要去剖析他的血液，血液就相当于流动管理层。还要看这个人，也就是这家公司、这个行业有没有未来，要判断他是一个二十来岁旭日东升的小伙子还是年过古稀的老人，假如整个生理机能已经转衰，那再便宜也不投，不然就是死路一条。

你前面多次提到一种本质思维，接下来也请你分别谈谈这几种本质思维。先跟我们谈谈你认为“价值的本质”是什么?

按我来讲，能为企业创造利润就是价值的本质。一个企业用最小的投入、最小的风险能赚到持续的价值是最好的。价值也分很多种，有高风险下的价值，比如银行，比如说房地产和高风险高杠杆赚的钱，这种可能一次就会破产，很多中小房地产企业，一下子就破产了，这些都是高风险的。茅台这种水加米酿出来的，它有非常好的盈利模式，没有负债，大不了卖不出去。如果一个产品卖得很贵，又很好卖出去，又没风险，真的是顶级生意。这五到十年我的研究体系和核心价值观主要是在顶级好生意，我讲了这么多，其实还是围绕着顶级好生意的逻辑。

我以前一直说“三高一大”，高毛利，高净利，高门槛，大市场。高毛利不是很难，能实现的企业也蛮多的，最难的是高净利。你在高净利的时候还要大市场，那就更难了，很多高净利的是一些小细分市场。再加上高门槛，别人还进不来，这就更厉害了。又赚钱别人还来不了，有大把的市场，这种公司就是像神一样的存在了，比如茅台，研究透了茅台以后就可以举一反三。

茅台恰恰就是这几个的完美结合，高毛利高净利高门槛，还有大市场，此外它还具备了一个优势，低投入。普通企业具备“三高一大”这四样都不错了，茅台具备了五样，在全球来讲都很难有公司达到这个模式。所以我说，如果我的基金经理研究透茅台，之后他就可以研究透各行各业，带有王者之风了。

你觉得茅台的高门槛在哪里？

它的品牌，因为酒行业是一个充分竞争的行业，你会发觉这20年的品牌都是30年前的品牌，近30年很少有品牌出来。30年前被记住的酒的品牌，现在大家依然记得，而这30年创建的新品牌没什么人记得，可能在某些小区域会有记忆点，但是能大范围深入人心的没有。

其实三五百块钱的好酒，味道不错的也很多，那为什么大家会把两三千块的茅台作为一个首选?

这个就是看水平了。三五百的包包和三五万的包包也差不了太多，主要区别在于品牌的塑造。讲起品牌，我又可以讲品牌背后的故事逻辑了。

万物都在于品牌背后的故事，你以为苹果它是技术牛吗？技术也只是它品牌的其中一环，苹果的技术是在其品牌之下的，技术成就了品牌，品牌成就了技术，因为没有技术也没有品牌，没有品牌也没有技术。品牌背后的故事有质量，有持续的创新，有持续的对市场的包装和认知。

品牌背后故事的核心是耐得住寂寞，明知道3万块钱的包包卖3000块钱销售量能大一点，为什么依然要卖3万块钱？这个叫耐得住寂寞才等得了风华。人能耐得住寂寞吗？假话说 100句，说多了就成真话了，可是谁又敢讲100句？其实就是耐得住寂寞，对自己的认知和价值观有坚定而持久的信心。你也可以拿一瓶现在300块钱的酒直接卖5000块钱，但可能30年都卖不出去。我们也可以成立一家酒业，茅台卖3000我就卖5000，可是你要忍得住寂寞，也许你30年都卖不出去多少，可能得等100年你才会比茅台牛，这个就是十几年的寂寞厚积薄发。

品牌背后的故事很多，也涉及很多先进的管理，很多化妆品公司都是高大上，品牌管理很到位，对质量严控。品牌最核心的一点是什么？没有顶级的管理团队是没有品牌的。你看一下顶级品牌公司背后的逻辑就是顶级的管理团队，耐得住寂寞也是顶级，但这只是一环，其他的还有很多。大家不是一直说要投人投团队吗？好的品牌一定要有好的团队，但好的团队不一定有好的品牌，这个就是鸡和蛋的问题。如果一个团队能把垃圾卖成珠宝，那这就是好的策划团队。正如大家常说的，一选团队，二选产品。

品牌背后其实也是科研，团队的管理也是研发。好的管理体系是科技，先进的管理也是科技，我们经常讲的创新商业模式就是创新的科技管理。

刚才谈了价值的本质，那“亏损的本质”是指什么?

这个就简单了，亏损的本质就是贪心，一个是贪心，一个是怕，怕亏得更多，赚不起也亏不起，更多人是亏得起赚不起。

那“砍仓的本质”呢?

砍仓的本质有很多种类，比较有段位的砍仓就是风控。没有段位的砍仓，逻辑不对的话，就是砍了再砍，重复砍。

最后跟我们谈谈“止盈的本质”。

止盈的本质就像夫妻俩觉得日子过够了，不想继续过了，等你觉得赚够了，这一段也走到头了，就止盈，那时不想为一棵树，放弃一堆森林，虽然这棵是参天大树，但是我想去外边看看，然后重新堕入魔道。

价值投资是不是不应该止盈?

止盈和止损本来是一个框架。止盈可以，但是不要率先设定止盈的目标，不要提前给自己画个框架，有框架的止盈是错误的。

如果没有这个框到什么时候该止盈呢?

你的初心变化了。比如我娶了老婆，本来是我爱她她爱我，如果她背叛了我，那也没必要纠缠了。随着基本面变化，顶级投资再厉害，如果离开了本质，再便宜都要砍，要看它逻辑的变化。就像我本来和你是好兄弟，后来不仅不如普通朋友，你还要害我，那就赶紧离开，惹不起我还躲不起吗？投资本质上也是一样的。如果本质和我们分道扬镳，那就没必要去做了。我们不追求最低买和最高卖，没必要追求这个，也追求不来。

你说过你也在追求投资闭环的路上，那普通投资者，如果他们想要找到一个投资闭环，不管是多小领域，有没有可能性？

有的，我建议他们买好公司，然后等待，这就是他的闭环，就这么简单，就做这件事，别的事不要做。也不是说集中，好公司一堆，可以买他喜欢的一揽子好公司，然后等待，不要做太多复杂的东西，也优化不来。

第三部分

投资与生活

适时重新评估自己，且要以低估来评估，不要以高估来评估。因为人以为自己在低估时，其实都在高估。评估之后选择适合自己的最简单的方法。我现在也在追求机构化最简单的方法，普通投资者也要做减法，尽量不要投到睡不着，投一些自己能放心的，不放心的可能都是超出了自己的认知，所以一定要去投让自己有安全感的。

你现在典型的一天日程是怎么样的?

我有时候会关注一下盘口，看市场上主流派讲的一些东西，收市之后进行投资团队的会议，接下来还会有两个小时的复盘，晚上进行两个小时左右的深度思考，想一下未来要更新的东西，反思一下现在自己做的事，在否定和肯定之间做一个思想博弈。我这种冥想也比较随意，就只是躺着思考，就像投资希望躺赚一样，哈哈。其他时间会陪陪家人，散散步。

你觉得现在能很好地平衡你的投资和生活吗?

基本可以，但是高要求的就不行了。

是怎么做到的?

我们做研发做投资的人每天做的都差不多，就是日日重复下来，唯一不重复的就是在冥想，但是我觉得我的深度思考还不够，我希望能在一两年里有一个突破。深入思考是无边界的东西，就是在追求事物的本质，不断地对本质进行追寻。我们一直在非本质上纠结，如果我这一两年能在这上面有所突破，那就会再上一个台阶。

这个过程是不是有点类似于王阳明那种格物致知，不断倒推事物的本质?

是的，在不断倒推，但是我并不希望太早开窍，因为真正开窍那天，你的水平就定形了。我希望不断进化，开窍了之后又不断进步，然后再不断开窍。我是相信进化理论的，所以我一直觉得自己还不行，但是有些人是个顽石，非常固执，始终不肯否定自己。我也有固执的时候，人不能没有坚持，不能像棉花一样被吹来吹去，小草生命力很强，但毕竟也要有根，被踩的时候要趴下，之后要能立起来。我不喜欢太固执的人，但也不喜欢没有计划的人，虽然有点矛盾，但是就是要在这种矛盾之中进化成长。没办法，市场就像魔道，你要在这之中前行。

为什么很多时候机构很难选，这个人不固执觉得他还没成才，看他固执又觉得麻烦，这个人就这么回事了。所以什么叫成才，即使有所谓的高才和低才，但其实每个人看的眼光和角色都不同，有潜力的人才和有潜力的公司，第一就是具备举一反三的能力，能随着市场不断变化而优化的团队，他这个能力就很高了。在这个过程中怎么能不忘初心，那就更难了。成才的过程之中有大才、中才、小才，对方在选人的时候可能就需要小才，但这个人想做中才，然后不适应，可能来了又走，最后发现是大才。有些客户喜欢你天天追涨杀跌，有一些人喜欢你做价值趋势波段，有的客户需要你有战略性有持续性，看到你有持续性就把资金交给你。我最后选择的可能就是最后这一档。

前面也提到了运动，那么在平时的投资中，除了运动还有什么放松自己的方式吗?

也没什么放松的方式了。最多就是跟身边各方面的大佬交流一下，我的生活也蛮枯燥的，都在投资里了。

你喜欢的投资领域的书有哪些?

投资机构这块的《原则》啊，幻想科技这一块的喜欢看《未来简史》《人类简史》《时间简史》这些，再就是一些名人自传，尤其喜欢他们没成名之前的故事，从他们的奋斗路径找到灵感，先去学习成功的人的行为，再坚持做自己觉得对的东西，最后再找到自己的本质。你得看到他的成功然后反推他成功之前的路径，因为我们大多数人都是不成功的，你要看一下他之前遇到的困难，而不能直接用成功之后的方法照做，那肯定是失败的。你觉得比巴菲特不差在哪里，你今年30岁，那就看看巴菲特30岁之前是怎么走的，他现在是世界上有名的股神，不要觉得我比他还牛，我有自己的办法，那就是不知天高地厚了。

你在股票投资中赚到的钱会拿来进行其他领域的投资吗？还是说依然继续投入到股票上？

我除了自己基本的房产之外，没有其他的投资，赚的钱都投在自己专注的领域上。我觉得如果自己最熟悉的都守不住的话，别的东西百倍千倍的收益我都不敢去。

这也是一个耐得住寂寞的过程，要经得住诱惑。

是的。

如果说将来你的孩子想进入投资你会支持吗？

我会支持。因为人生最后的一份职业就是投资。

不觉得这对他来说很辛苦吗？

我已经辛苦完了，希望可以给他指一条明路。现在很多企业家都会往教育投资上去走，可是要找到一个好的路径和导师也不是那么容易。我觉得导师很重要，我一生最可惜的就是没有一个导师，二十几年前真的是很难找到一个好的导师，现在培训教育有很多所谓的导师，我们那时候一个都没有。启蒙知识和好的导师很重要。

你现在除了管理团队基金和投资之外，还有没有一些别的人生目标？

那就是投资自己了，我希望自己和家人的身体能好一些，其实我投资的目标也为了自己和家人未来能活得更好，更健康。

最后还有没有什么想给我们的读者补充的？

我的建议是，适时重新评估自己，且要以低估来评估，不要以高估来评估。因为人以为自己在低估时，其实都在高估。评估之后选择适合自己的最简单的方法。我现在也在追求机构化最简单的方法，普通投资者也要做减法，尽量不要投到睡不着，投一些自己能放心的，不放心的可能都是超出了自己的认知，所以一定要去投让自己有安全感的。

延伸阅读

中国顶级交易员访谈丛书，为您解答交易中最重要的问题单

* 专业投资人做正确的行动，而业余投资人不断犯下错误，而且他们并不知道错在哪里。

* “中国顶级交易员访谈丛书”致力于通过十数年时间，遍访交易高手，汇集成交易经验的饕餮盛宴，以飨读者。访谈对象不以名气论英雄，而看重真材实料。其中有神秘莫测的做市商，有大型金融公司的操盘手，有业绩显赫的私募老总，有名不见经传的民间高手，有独辟蹊径的交易怪才……读者可以在对比阅读中各取所需，提取适合自己性格和经历的交易干货，站在巨人的肩膀上，尽快走向稳定盈利之路。

* 你不用犯下所有的错就可以真正学到正确的交易理念，这些正是这套丛书所要传达的。能够吸取那些最棒的前辈已经用实践证明的洞见，绝对是到达成功交易的最短路径。

延伸阅读

媲美《富爸爸穷爸爸》，教你如何提前退休

➡《财富自由之路：ETF定投的七堂进阶课》

作者：徐华康

*这本书适合那些愿意用二十年时间轻松简单地实现财务自由的人，而不是那些希望在三五年内快速实现财务自由的人

*什么东西一定会上涨？这么多年来，从股票到衍生品，除了纯粹的套利交易确定性较高外，只有指数在过去十几年来是一直向上的

*投资保守的失恋青年小刘，投资激进的过气女主播静静，神秘的客栈老板老徐，因缘际会相遇在大理，三个人，七堂课，在旅行的故事中走向属于自己的财富自由之路

国内第一本小说体期权交易实战指南

➡《我当交易员的日子：期权波动率交易核心策略与技巧》

作者：徐华康、王美超

*国内罕见的“小说体”期权交易实战指南

*浓缩两位操盘无数的期权“老鬼”的期权波动率交易经验，说透期权波动率交易的核心策略与技巧

*经验丰富的一线期权交易员在期权波动率交易中的所思、所想、所感、所悟，真实再现中国股票期权市场诞生以来的机会与风险

延伸阅读

比《华尔街幽灵》更真实，比《海龟交易法则》更有效

➡《交易的真相》

作者：极地之鹰

*毫不吝啬地和盘托出在交易之路上的经验和教训，层层递进地指出交易历程中存在的误区，一层层地剥掉投资领域里随处可见的“皇帝的新衣”，让“交易的真相”水落石出

*9年交易经验的交易员作者在书中完整公开了自己价值千金的交易系统，并经过历时半年的实验证明其有效性

*言简意赅，不啰嗦、不堆砌，通篇干货，思人所不能思，写人所不敢写

知乎作者赛博格Cyborg对交易系统框架、原理及构建的完美阐释

➡《交易的逻辑与艺术》

作者：陈侃迪

*作者将自己近年来在交易之路上的经验总结毫不吝啬地与读者分享，书中关于交易系统的四种情形和临界点、交易中不可能三角的描述分析，是国内难得的关于交易系统底层逻辑的原创思考

*只要在市场交易，你的交易系统就和市场状况、基本假设及仓位资金管理脱离不了关系，本书给了我们交易人最深刻的心灵深处的问题的解答

延伸阅读

“龙头战法”体系大厦的“四梁八柱”尽在此书

➡《情绪流龙头战法》

作者：杨　楠

*本书是关于龙头战法最为系统的书籍，虽然主要讲述的是龙头战法，但其中阐述的原理、思想以及相关知识，完全适用其他一切盈利模式。本书主要有三大部分，分别是《股市之我见》《情绪流龙头战法》和《股市天经》，涵盖了学习龙头战法绕不过去的“道”和“术”，是一本系统揭示龙头战法交易精髓的教材式书籍。

*股票大作手杰西·利弗莫尔：“追随领头羊，集中精力研究当日行情里表现突出的那些股票。如果你不能从龙头股上赢得利润，那么你就不能从整个市场赢得利润。”

全球正在流行的专业金融交易系统

➡《一目均衡表》

作者：黄怡中

*全世界技术分析的鼻祖，备受欧美专业操盘人推荐，让你一眼看清趋势。

*以逻辑化、系统化视野，见人所未见，知人所未知，及时感知价格波动的平衡破坏与趋势性。

延伸阅读

➡《乌合之众：大众心理研究》

“《乌合之众》是一本可怕的书，他将社会大众的心理阴暗面毫不掩饰地暴露在阳光之下，别有用心的人甚至可以利用群体的种种心理弱点作为其权力与财富的抓手。”

——“金融大鳄”索罗斯

➡《大癫狂：非同寻常的大众幻想与群众性癫狂》

“数学不能控制金融市场，而心理因素才是控制市场的关键。更确切地说，只有掌握住群众的本能才能控制市场，即必须了解群众将在何时以何种方式聚在某一种股票货币或商品周围，投资者才有成功的可能。”

——“金融大鳄”索罗斯

“只要如此愚蠢的行为能够继续存在下去，那么一个真正理性的投资者始终有望利用大众的疯狂为自己谋利。具有常识的个体很容易觉察到集体的疯狂，个体将会借此获取巨额的利润。”

——查尔斯·麦基